KB070273

왜 나는 그들을 변호하는가

왜 나는 그들을 변호하는가

국선변호사 사건 일지

신민영 지음

한겨레출판

그의 편에 서는

단 한 사람

대검찰청은 종종 영화와 드라마 작가들을 초청해 간담회를 개최한다. 작가들에게 검사의 본모습을 알린다는 취지인데, 영화나 드라마 속 검사가 자꾸 악역으로 묘사되면서 검찰에 대한 불신이 커지는 것을 방지하려는 것이다.

사실 이런 간담회가 절실한 직군은 따로 있다. 바로 국선변호사다. 그동안 영화, 드라마 속에서 받은 설움으로 치면 검찰이 어찌 국선변호사의 상대가 되겠는가. 검사 배역은 비중이라도 있지, 국선변호인이란 인간들은 단역으로 나와 억울한 주인공한테 깐죽거리다 퇴장하는 역할이 전부 아니었던가.

국선변호사는 나라가 선임해준 변호사다. 형사소송법 제33조는 미성년자, 70세 이상, 농아자, 심신장애가 의심되는 사람, 구속된 사람, 최하 3년 이상의 징역을 받을 것으로 예상되는 사람이 형사재판을 받을 때에는 반드시 변호사가 선임되어 있어야 한다고 규정하고 있다. 해당 피고인이 스스로 변호사를 선임하지 않을 경우 법원이 의무적으로 변호사를 선임해주고, 해당 사유가 없더라도 필요하다 판단할 경우 재판장이 재량으로 선임해주기도 한다.

2000년대 초반까지만 해도 국선변호는 일반 변호사가 당번처럼 돌아가며 담당했었다. 그러나 일부 변호사들의 성의 없는 태도가 원성을 사자 대법원은 2004년부터 오직 국선변호만을 담당하는 국선전담변호사를 뽑기 시작했고, 현재 국선변호 업무의 대부분을 국선전담변호사가 담당하고 있다. 2016년 현재 전국 국선전담변호사의 숫자는 223명. 검사, 판사, 기업, 대형로펌 등 출신 배경도 다양하다. 2년마다 법원의 심사를 거쳐 계약이 갱신되는 것 외에는 별다른 제한이 없고, 구체적인 업무를 어떻게 수행할지는 전적으로 변호사 개개인에게 달려 있는 개인사업자 신분이다.

사법연수원을 마치고 진로를 국선전담변호사로 결정했을 때 입맛이 그리 개운하지만은 않았다. 낙도로 발령난 섬마을 선생님이 된 기분이랄까. 변두리로 밀려난 듯한 기분을 지울 수가 없었다. 국선변호사는 로펌 소속 변호사들처럼 살인적인 격무에 시달리지 않고 소신대로 일을 해나갈 수 있으며 향후 경력직 판사로 임용되는 데 유리한 터라 변호사들 사이에 인기가 좋긴 하다. 그러나 나는 변호사고 기술자다. 좀 더 치열한 곳에서 커리어를 시작하고 싶었다. 동기들이 돈과 정보가 흐르는 중심에서 기업 간 합병이나 공정거래 사건을 처리하며 경험을 쌓아갈 때, 골목에서 멱살잡이한 할아버지들과 신경전을 벌이고 있을 나를 떠올리니 눈앞이 깜깜했다. 이대로 몇 년이 지나면 낡은 양복 군데군데 막걸리가 눌어붙은, 순박하지만 능력은 없는 아저씨가 되어 있을 것만 같았다.

국선전담변호사가 되고 나서 처음으로 맡은 사건은 이런 걱정을 더욱 부채질했다. 나의 첫 피고인은 나와 동갑내기인 새터민이었다. 그는 공공근로 중 아무 이유 없이 동료 할머니 정수리를 호미로 찍고 며칠 후 대형할인점에서 손님들에게 무차별적으로 과도를 휘두른 끝에 구속이 되었다. 먼저 남쪽으로 내려온 형만 믿고 탈북을 감행했으나 남쪽 생활이 생각보다 힘들었던 탓인지 그는 30대 초반부터 심각한 정신병을 잃고 있었다. 가족들과도 연락이 끊겨 있었다. 현장을 찍은 CCTV 영상이 이미 증거로 제출되어 있었고, 정신을 놓아버린 피고인은 아무런 억울함도 호소하지 않으니 변호인으로서 도무지 할 일이 없었다. 결국 제대로 손대지도 못한 채 사건은 속수무책으로 끝나버렸다. 남한에 발 디딜 틈 하나 남지 않은 피고인의 처지가 안타까웠고, 변호사로서 능력을 발휘할 기회가 없는 내 처지가 서글펐다.

5년 차 국선전담변호사가 된 지금도 이런 걱정에서 완전히 벗어나지 못했다. "억울한 사람 많이 구제해주고 좋은 일 하시네요." 이런 말을 들을 때마다 화제를 다른 곳으로 돌리고 싶어진다. 전체 형사재판에서 무죄율은 3% 가량이다. 내가 담당하는 피고인의 절대 다수는 억울하게 누명을 쓴 사람이 아니라, 누군가(보통은 피고인보다 더 어려운 처지에 있는 사람들)를 괴롭힌 사람들이고 유죄판결이 거의 확실한 사람들이다. 경찰이 수사한 사건을 법률 전문가인 검찰이 검토해 무죄가 나올 만한 건은 미리 걸러낸 덕이다. 맡은 피고인의 대부분이 유죄 선고를 받는 마당이니 인사치레라도 그런 말을 들으면 왠지 미안해진다.

게다가 국선변호인의 처지는 탑골공원 박보장기판에 앉은 노인의 처지와 유사하지 않던가. 경찰과 검찰은 짧게는 3개월, 길게는 1년 간 증거를 수집한 끝에 피고인이 유죄라는 확신이

들면 법원에 재판을 요청한다. 형사재판은 검찰이 승리를 확신하고 시작한 판이라 어지간해서는 뒤집기 쉽지 않다. 국선변호사는 수사가 끝나고 재판이 개시된 뒤에야 사건을 맡는다. 시간이 꽤 흐른 뒤라 피고인에게 유리한 증거를 찾으러 돌아다녀 봐도 증거가 모두 사라져 있기 일쑤다. CCTV 영상이나 피고인 자신의 휴대폰 통화 기록조차 구할 수 없는 경우가 부지기수다. 결국 변호사의 일은 검찰이 조사해놓은 증거를 읽고 또 읽으며 치고 들어갈 틈이 없을까 고민하는 식으로 진행된다. 장기판에 앉는 순간 이미 주최 측에 유리하게 기울어져 있는 판세, 주최 측이 올려놓은 기물 외에 다른 기물을 판에 올릴 수 없는 박보장기인 셈이다.

그렇다면 과연 변호사의 존재의 이유는 뭔지, 세금을 들여서 국선전담변호사 제도를 운영할 필요가 있는 것인지 의문을 품는 사람이 있을 것이다. 경찰 검찰이 좀 더 주의를 기울이면 변호사 없이도 약 3%에 달하는 무죄율조차 0%로 낮출 수 있지 않을까란 생각을 충분히 해볼 수 있다. 만약 그게 가능하다면 변호사뿐만 아니라 판사도 필요 없는 게 아닐까?

사실 변호사와 판사 없는 재판의 역사는 상당히 유구하다. 멀리 갈 것도 없이 〈전설의 고향〉 같은 사극만 봐도 수사 담당자인 고을 원님이 죄인의 억울한 사정을 직접 굽어살피는 변호사 역할도 하고 급기야 스스로 판사가 되어 판결까지 내리지 않던가. 그러나 견제와 균형을 기본으로 하는 민주국가에서는 오류율 0%의 수사관이 있다 하더라도 그에게 모든 판단을 맡기는 일 따위는 벌어지지 않을 것이다. 사실 인류에게 대규모 진화가 일어나지 않는 한 오류율 0%의 수사관 역시 존재할 수가 없다. 인간은 눈앞에서 벌어진 일을 인식조차 못하거나(주의력 착각), 설사 인식했다 하더라도 자신의 믿음과 일치하지 않는 증거는 무시할 가능성이 높은(확증 편향) 존재다. 경찰, 검찰의 목적이 범죄의 적발과 처벌에 있는 이상, 피고인의 결백을 입증하는 증거가 나와도 이를 인지하지 못하거나 인지했더라도 중요하지 않다 생각하고 무시해버리는 상황이 발생할 수밖에 없다. 이 부작용을 보완하기 위해서라도 피고인이 무죄라고 믿는, 설사 유죄라 해도 피고인의 죄가 경미하다고 믿는 사람이 사건을 검토할 필요가 있다.

국선변호인이 변호하는 대상은 주로 사회적 약자다. 억울한 사정이 있어도 조리 있게 표현하지 못하는 경우가 많고 묵살당하기도 한다. 인권 보호, 민주주의라는 게 그렇게 거창한 게 아니다. 재판도 국가적 의사 결정의 한 종류 아니겠는가. 그 결정에 사회적 약자의 의견도 충분히 반영되게끔 해주는 것이 민주주의고 인권이다. 남들보다 말이 조금 어눌하고 입성이 허름하다는 이유로 무시당하지 않도록, 가슴속 억울한 사정을 명확하게 표현해주는 것이 바로 국선전담변호사의 역할이다.

내가 국선전담변호사에 대해 호감을 갖게 된 것은 사법연수원 시절 법원에 실습을 나갔을 때였다. 무슨 일인지 재판장이 계속 저지하는데도 결기 있게 일어서서 피고인의 요구를 거듭 얘기하는 한 국선전담변호사의 모습을 보고, 국선변호사에 대해 갖고 있던 편견이 단번에 깨졌다.

국선전담변호사는 자신마저 물러서버리면 피고인을 지켜줄 사람이 없다는 것을 잘 알고 있다. 그들은 수많은 사건을 처리하는 와중에도 억울한 사람이 없는지 항상 살핀다. 동료 국선전담변호사들이 가장 즐거워하는 때는 맡았던 사건이 무죄를 받았을 때다. 나 역시 그렇다. 그동안 무죄를 받은 사건들의 판결문을 복사해서 따로 보관하고 있을 정도다.

어려운 여건에서 일하고 있지만, 내 꿈은 분명 마더 테레사보다는 화타에 가깝다. 죽은 사람도 살려냈다는 전설의 명의처럼, 모두가 포기한 사건을 되돌릴 수 있는 실낱같은 가능성을 찾아 오늘도 기록을 읽고 또 읽고 있다. 유죄를 받는 피고인의 손을 붙들고 함께 기도해주는 것보다는, 무죄를 받기 위해 피고인의 머리 뚜껑이라도 열어보는 게 나한테 어울린다.

2014년 초 서울중앙지법에서 조사한 바에 따르면 국선전담변호사에 대한 피고인들의 만족도는 77.6%였다. 국선변호에 대한 인식도 크게 개선되어, 번듯한 중소기업의 대표까지도 국선전담변호사의 변호를 받는 상황에 이르렀다. 전국의 국선전담변호사들이 그간 해온 노력이 어느덧 결실을 맺고 있는 듯하다. 영화에 돼먹지 못한 국선변호사가 등장하면, 이제는 옛날 영화라고 생각해도 된다. 시간 여유가 있다면 그 영화 소개란에 댓글로 "영화의 리얼리티가 떨어집니다"라고 써도 좋고.

차례

숨겨진 쟁점이 있다

보편적 상식이라는 함정

숨겨진 쟁점이 있다

형법은
만병통치가 아니다

———— 법은 왜 추상적인가

(2006년도 사법시험 형법 문제다. 꼼꼼히 읽을 필요는 없다.)
甲은 전에 다니던 공장 사무실의 금고에서 돈을 훔
칠 생각으로 열쇠공인 乙에게 함께 범행을 하자고 제
의하였고, 乙은 이를 승낙하였다. 범행 당일 밤 甲
과 乙은 계획대로 공장 담을 넘어 사무실로 들어갔
다. 공장 안에 인기척이 있는 것을 수상히 여긴 경비

원 丙은 공장 안을 돌다가, 사무실 창문 너머로 같은 동네에 살고 있는 乙이 甲과 함께 금고를 열고 있는 것을 보았다. 丙은 나중에 乙로부터 돈을 갈취할 생각으로 이를 못 본 척하고 경비실로 돌아왔다. 甲과 乙은 금고에서 현금 5천만 원을 가지고 나오던 중 마침 순찰을 돌던 경찰관 A와 공장 앞에서 마주치게 되었다. 甲과 乙은 경찰관 A를 보자 서로 다른 방향으로 도주하였고, 이들을 절도범으로 판단한 A는 乙은 포기한 채 甲을 추격하였다. 甲은 막다른 골목에 이르자 붙잡히지 않기 위해 폭행의 의사를 가지고 항거가 불가능할 정도로 A를 강하게 밀치고 도주하였다. 경찰관 A는 甲의 폭행으로 넘어지면서 전치 4주의 상해를 입었지만, 사건의 경위를 알아보기 위해 공장으로 돌아왔다. 그런데 丙은 A를 또 다른 침입자로 오인하여 가스총을 쏘아 실신시켰다.

법조인이 교육과정에서 해결해야 하는 문제는 대부분 이렇다. 전 직장에 침입해 돈을 훔치려는 절도범, 그에 합세하는 열쇠공, 절도 현장을 못 본 척 하는 경비원, 추격 중에 전치 4주의 상해를 입고 현장으로 돌아왔다 가스총을 맞는 경찰관. 억지스러운 부조리극 같지만 이 정도는 복잡한 편도 아니다. 사법연수원에서 보는 시험문제는 등장인물도 이보다 훨씬 많고, 한 사람이 서너 가지씩 죄를 저지르곤 한다. 시험 시간만 꼬박 8시간이다.

대부분의 사건은 평범하고 예상 가능한 범주에서 일어나는데 왜 이리 배배 꼬인 케이스만 배워야 할까. 법을 배우는 내내 불만이었다. 문제를 위한 문제라는 생각밖에 들지 않았다. 학부 시절 수업 시간에 손을 들고 "왜 일반적인 사회생활과는 동떨어진 꼬인 사례만 공부합니까?"라고 질문했더니 교수님은 매년 듣는 질문이라는 듯 담담하게 대답하고 수업을 이어가셨다. "그게 바로 법학입니다."

지금 누군가 같은 질문을 한다면 나 역시 같은 대답을 할 것이다. 법학이 다루는 문제들이 그렇다. 누가 봐도 분명한 문제는 구태여 법률가의 손길을 필요로 하지 않는다. 그리고 놀랍게도 공부하던 시절 배웠던 사례들은 현실과 동떨어진 문제가 아니었다. 실제 형사사건은 교육과정에서 배운 것보다 더 복잡하다.

도로교통법 제44조(술에 취한 상태에서의 운전 금지) "① 누구든지 술에 취한 상태에서 자동차 등을 운전하여서는 아니 된다." 누가 봐도 분명한 규정 같지만 이 조항에서 가장 분명해 보이는 '운전'의 의미를 두고도 여러 번 논란이 있었다.

2013년 5월 음주운전 단속 중 한 오토바이 운전자가 적발

되었다. 그의 혈중 알코올 농도는 면허 정지 수준인 0.072%였다. 대로에서 술에 취해 오토바이를 탔으니 당연히 음주운전죄로 처벌을 받았을 것 같지만 결과는 무죄였다. 단속 당시 이 사람은 오토바이의 시동을 끈 채 내리막길을 내려오던 중이었는데, 법원이 음주운전의 '운전'에 해당하려면 엔진을 가동했어야 한다는 이유로 무죄를 선고한 것이다. 그럼 시동을 걸면 운전에 해당하는 걸까?

한 차량이 3m 가량을 움직여 주차되어 있던 다른 차량을 들이받았다. 운전자는 술에 취해 있었고 음주 측정 결과 혈중 알코올 농도가 만취 상태인 0.131%였다. 운전자는 "대리 기사를 불러 집까지 왔는데 막상 차에서 내리려니 너무 추워서 시동을 걸고 히터를 켰을 뿐이다"라고 주장했다. 재판부는 "피고인이 히터를 틀려고 시동을 걸다가 실수로 기어 등을 건드리는 바람에 차량이 경사진 길을 따라 움직였을 가능성이 있다"며 "운전할 의사로 가속페달을 밟았다는 점을 인정할 증거가 부족하다"는 이유로 운전자에게 무죄를 선고했다. 법원은 '운전'에 해당하려면 시동을 걸고 가속페달까지 밟아야 한다고 해석한 것이다.

애초에 법을 만들 때 '운전'이라는 말 대신 '엔진의 시동을 걸고 가속페달을 밟는 행위'라고 했으면 분명하지 않았을까. 하지만 이렇게 자세히 규정하는 것에는 두 가지 문제가 있다. 첫 번째는 입법 기술상의 문제다. 법을 만드는 단계에서 이런 상황을 일일이 다 예측할 수도 없거니와 온갖 가능성을 다 생각해서 법을 만들면 법 규정 하나하나가 엄청나게 길어진다. 아들이 오래 살기를 바라는 마음에 '김수한무 거북이와 두루미 삼천갑자 동방삭…' 온갖 장수생물 이름을 다 넣어 아들의 이름을 지은 부모가 있었다. 아들은 결국 물에 빠져 죽었다. 물에 빠진 것을 본 사람이 구조 요청을 하러 마을로 달려왔으나 아들 이름을 읊다가 시간을 허비한 것이다. 법 규정이 길고 장황해질수록 일반인들이 법 내용을 이해하기는 오히려 더 어려워진다.

가장 큰 문제는 법의 탄력성이 사라진다는 점이다. 자세하고 구체적인 입법이 가능하다 해도 이런 법은 일상생활에 제대로 적용할 수가 없다. 만약 '엔진을 켜고 가속페달을 밟은 경우에 처벌한다'라는 규정이 있다 치자. 분명 오토매틱 차량 기어를 D에 놓고 가속페달을 밟지 않은 채 집까지 천천히 차를 몰고 가는 사람들이 생길 것이다. 당장 생각나는 것만 해도 이 정도니 위와 같이 규정해두면 음주운전에 해당하던 온갖 행위들이 처벌망을 벗어나는 사태가 벌어질 것이다. 법률 규정을 어느 정도 추상적으로 규정해둔 이유가 바로 여기에 있다. 구체적 사안에서 여러 가지 정황을 참조해 탄력적으로 법을 해석 적용하는 것이 법률가의 역할이다.

최근 아동 학대 사건이 잇따르면서 국가가 이 문제에 강력하게 개입해야 한다는 공감이 확산되고 있다. 밥을 먹다 구토를 한다는 이유로 빗자루로 폭행당해 여섯 살 우 모 군이 사망한 울산 사건(징역 15년 형 선고), 3년 간 지속적으로 학대당한 끝에 갈비뼈 16개가 부러져 여덟 살 이 모 양이 사망한 또 다른 울산 사건(징역 18년 형 선고), 상습적으로 매질을 당하고 청양고추와 배설물을 묻힌 휴지를 먹이는 등 학대와 폭력을 당한 끝에 아홉 살 소녀가 장 파열로 사망한 칠곡 사건(징역 15년 형 선고)이 있었지만 가장 결정적인 사건은 인천에서 부모에게 학대당하던 열한 살 소녀가 가스 배관을 타고 탈출해 슈퍼마켓에서 음식물을 훔치다 발견된 사건이었다. 소녀의 부모는 소녀가 등교하는 것을 막았고 음식도 제대로 주지 않았다. 발견 당시 소녀는 과자 봉지를 스스로 뜯을 힘조차 없었다(올해의 인물상 같은 것이 있다면, 소녀를 훈계하거나 부모에게 연락하는 대신, 처참한 몰골을 수상히 여겨 경찰에 신고한 슈퍼 주인 부부가 받아 마땅하다고 생각한다). 이 사건을 계기로 정부는 장기 결석 중인 학생들의 행방에 대해 전수조사를 벌이기 시작했다. 그리고 밝혀진 부천 초등학생 토막 살인 사건, 부천 여중생 살인 사건, 경남 고성 초등학생 암매장 살인 사건은 부모가 더 이상 안전한 보호자만은 아니라는 사실을 잘 보여준다.

나 역시 아동 학대 사건을 종종 맡는다. 물론 가해한 부모를 변호하는 역할이다. 당장 떠오르는 사건만 해도 여러 건이다. 14개월 된 아기가 운다는 이유로 때려 죽인 아버지, 친딸을 강간한 아버지, 두 달 된 아기를 목 졸라 죽인 어머니. 언론이 주목을 하거나 말거나 아동 학대 사건은 꾸준히 일어나고 있다. 법률이 가정 안으로 진군한 이상 법률의 경계를 정하는 법률가 역시 가정 문제로 들어갈 수밖에 없다. 나 역시 아동 학대에 강력하게 대처해야 한다는 원칙에는 동의한다. 문제는 막상 그 구체적인 경계를 설정하려 들면 딜레마 투성이라는 점이다.

한 여성 피고인은 여섯 살 난 자신의 친아들을 칼로 찌른 혐의를 받고 있었다. 사건 무렵 평소 앓고 있던 정신 질환이 심해졌는데 '아들을 칼로 찌르라'는 환청을 듣고 범행을 저질렀다. 아들의 등을 노린 첫 번째 칼이 빗나가 엉덩이를 찔렀고 때마침 다른 가족이 발견했기에 망정이지 하마터면 아이의 생명이 위험할 뻔했다.

피고인이 처벌을 받아야 한다는 점에는 누구라도 동의할 것이다. 문제는 그 정도였다. 평범한 가정주부였던 피고인에게는 아무런 전과도 없었다. 그리고 사건의 당사자인 아이와 아이의 법정대리인인 아이 아버지(피고인의 남편)가 피고인에 대한 처벌을 원하지 않고 있었다. 초범이며 합의가 이루어진다면, 보통 집행유예를 노려볼 수 있다. 즉, 어린 아들을 칼로 찌른 피고인이 감옥에 가지 않고 집으로 돌아가는 상황이 벌어지는 것이다.

나는 피고인의 변호인이었지만 이런 상황을 용납해도 될까 고민이 되었다. 아이가 받았을 정신적인 충격도 문제였지만 더 큰 문제는 재범 가능성이었다. 아이 엄마가 같은 행동을 반복하지 않을지 걱정스러웠다. 검사 역시 같은 걱정을 했는지 피고인에 대해 치료감호를 신청했다. 공주에 있는 치료감호소에 가서 완치 판정을 받을 때까지 치료를 받고 오라는 내용이었다. 아이를 위해서나 피고인 본인을 위해서나 옳은 판단으로 보였다.

하지만 상담을 받으러 온 피고인과 피고인의 남편은 치료 감호만은 면하게 해달라 애원했다. 피해자인 아들 말고도 다른 자녀가 한 명 더 있는데, 피고인이 치료 시설에 들어가면 아이들을 돌볼 사람이 없다는 이유였다. 피고인의 남편은 일을 다녀야 하는 처지라 아이들을 돌볼 수 없었고 따로 부탁할 만한 곳도 없는 상황이었다. 그래도 그렇지 아이들을 어찌 피고인에게 맡긴단 말인가.

어찌 해야 하나. 일단 변호사 윤리가 문제였다. 변호사는 피고인의 보호자다. 피고인에게 최대한 유리한 판결을 얻기 위해 노력해야만 한다. 피고인이 집행유예를 받을 가능성은 꽤 높았다. 격리 상태로 치료를 받는 것은 분명 피고인에게 불리한 처분이었다. 피고인 생각만 한다면 치료감호에 대해 기각 결정을 받아야 했다. 하지만 다시 생각해보면 치료감호를 면하는 것이 진정 피고인을 위한 일일까 고민스러웠다. 집으로 돌아갔다 혹여 같은 행동을 반복한다면 피해자만큼이나 고통받을 사람은 피고인 자신일 것이다. 피고인에 유리한 변호를 하는 것이 오히려 피고인에게 해가 될 때를 대비한 변호사 윤리 지침은 없다. 판단은 오로지 내 몫이었다.

아이의 부모는 아이가 엄마와 함께 살기를 원한다 했지만 아무래도 아이의 의견을 직접 들어봐야 할 듯했다. 하지만 또 걸리는 것이 있었다. 아이에게 당시 상황을 어찌 물어봐야 할까? 아동 대상 성범죄의 경우 수사 과정에서 발생할지 모르는 피해자의 정신적 고통을 방지하기 위한 여러 제도가 있다. 전문 상담관이 조사를 담당하도록 하고, 진술하는 자리에 보호자가 동석하거나, 진술을 녹화해 되도록 여러 번 진술하지 않도록 배려하고 있다. 정신적 충격이라면 이 아이 역시 못지 않을 텐데 변호사라는 사람이 대뜸 불러내거나 전화를 걸어 "그때 엄마한테 칼에 찔린 거 기억하지? 그래도 엄마랑 살고 싶어?"라고 물어서는 안 되지 않나. 그러나 이에 대한 가이드 라인을 제시하는 법률도 지침도 없었다.

일단 아이의 상태를 물었더니, 아이 아버지는 아이가 사건 이후 상담 치료를 받아 많이 좋아졌다고 답했다. 어디서 누구로부터 어떤 치료를 받고 있나 물었더니 집과 정신과를 오가며 통원 치료를 받고 있다고 했다. 다시 한 번 놀랐다. 나는 당연히 아이가 엄마와 격리되어 있을 줄 알았다. 하지만 아이는 불구속 상태인 엄마와 함께 살고 있었다.

────── 더 강한 처벌을 원하는 사회

가해자 처벌은 아동 학대 문제의 끝이 아니라 시작이다. 가해자에 대한 엄벌 이상으로 아동에 대한 사후 대책이 중요하다. 뿐만 아니라 아이를 누구에게 어떻게 맡길지 결정하는 문제는 처벌 정도를 정하는 것보다 훨씬 민감한 사안이다. 아동 폭력 사건이 벌어질 때마다 사람들은 분노한다. 하지만 그런 분노가 본질을 벗어나 있는 듯한 느낌을 지울 수 없다.

아동 학대 문제에 대한 대중의 관심은 주로 처벌 강화에 몰린다. '상해치사죄로 기소된 부모에 대한 죄명을 살인죄로 바꿔달라', '형량을 늘려달라'… 사후 대책에 대해 관심을 갖는 경우는 드물다.

2014년 아동학대방지특별법이 제정되었지만 그해 예산심의에서 이 법에 대한 예산 배정은 없었다. 복지부는 아동보호 예산을 436억 원 증액할 것을 요청했지만 기획재정부는 이를 전액 삭감했다. 이에 대한 보도는 거의 없었고 분노하는 여론 역시 없었다. 아동학대방지법을 만들어놨지만 이를 실제로 실행할 방법은 마련하지 않은 것이다. 관련 법들의 소관 부처도 제각각이어서 아동학대방지법은 법무부, 아동복지법은 보건복지부, 가정폭력 관련법은 여성가족부가 담당하고 있다.

물론 세세한 대책 마련은 실무자의 몫이긴 하다. 언론과 여론은 실무자들에게 추진력을 제공하는 것만으로도 그 역할을 다했다고 봐야 한다. 하지만 이 과정에서 대중의 분노에 영합하는 대책만이 힘을 얻고 있는 것이 아닌가 걱정스럽다.

최근 형법은 계속 강화되고 있다. 사회적 문제가 불거질 때마다 형법이 만병통치약처럼 호출되고 있다. 2010년 유기징역의 상한이 15년에서 30년으로 증가했다. 해당 법안이 수정된 건 1953년 형법이 제정된 이후 처음이었다. 흉악 사건이 일어나고 범인에게 사형이 아닌 다른 형(보통 무기징역)이 선고되면 '판사도 같은 일을 당해야 한다'는 댓글이 뉴스 상단을 장식한다. 나로서는 이런 경향이 심적으로 불편하다.

애초에 형법은 누군가를 처벌하기 위해서가 아니라 누군가를 처벌하지 않기 위해 고안된 제도다. 권력자들이 아무나 잡아다 벌하는 것을 방지하기 위해 법전에서 명시적으로 금지하고 있는 행위만 처벌하도록 한 것이 바로 근대 형법의 근간이 되었다. 무기가 아닌 방패였던 셈이다. 인권을 위한 방어 수단이었던 형법을 내세워 현대 사회에서 발생하는 위험에 대처하려다 보니 여러 가지 무리가 생길 수밖에 없다. 형벌에는 그에 따르는 다양한 문제에 대한 보완 수단이 함께 동원되어야 하는데 형사 절차 외에 다른 대책이 효율적으로 운영되고 있는 것인지 늘 의문이다.

이 사건에 대한 수사는 아이를 치료한 응급실 의사의 신고로 시작됐다. 이런 경우 자동으로 서울시 아동복지센터로 연락이 가서 아이를 부모에게서 격리할 것인지, 아이를 임시로 시설에서 보호할 것인지 등을 결정한다. 이 사건에선 피해자인 아이에게 아버지가 있고, 아버지가 학대에 가담한 경우가 아니라서 아이를 시설로 보내는 결정을 하지 않은 것으로 보였다. 문제는 아버지가 아이의 양육을 가해자인 어머니에게 맡기고 싶어 하고, 어머니는 집행유예로 풀려날 가능성이 있다는 것이었다. 나는 이런 사정을 비밀 유지 의무 때문에 누구에게도 말할 수 없었고, 피고인의 변호사로서 피고인에게 유리한 치료감호 기각 명령을 받기 위해 노력해야 하는 처지였다.

고민 끝에 피고인의 담당 주치의에게 전화를 걸었다. 주치의는 피고인이 원래 치료를 받아왔었고 꾸준히 약만 복용하면 일상생활에 전혀 지장이 없다고 이야기했다. 이 사건 무렵 피고인이 스스로의 판단으로 약을 끊은 것이 사건의 원인이었다. 피고인의 남편에게서는 낮 시간 동안 아이들을 어린이집에 맡기고 밤에는 책임지고 직접 찾아오는 등 절대 피고인을 아이와 단둘이 두지 않겠다는 각서를 받아 법원에 제출했다. 피고인에게 항상 약을 챙겨 먹이겠다는 내용도 포함되어 있었다. 물론 이를 어겨도 제재할 방법은 전혀 없었다.

결국 피고인에 대한 치료감호 결정은 기각되었다. 그들 부부의 뜻대로 피고인은 집으로 돌아갔다. 그러나 아직도 이 결정이 최선이었는지 확신을 할 수 없다. 내가 할 수 있는 일은 가끔 그들의 집으로 안부 전화를 걸어보는 것뿐이다.

정당방위는
없다

정당방위는 사람들에게 무척 친숙한 형법 용어다. 영화
나 드라마의 영향인 것 같은데 실제로 폭행 혐의를 받
는 피고인들 상당수가 자신은 정당방위였다고 주장을
하곤 한다. 저쪽에서 먼저 때려서 나도 때렸을 뿐인데
정당방위 아니냐는 것이다. 그러나 과연 이것만으로 정
당방위를 인정받을 수 있을까? 다음은 실제 법정에서

정당방위 성립 여부가 문제시되었던 사건들이다.

사례1 피고인은 새벽 3시에 술을 마시고 귀가해 집 안을 돌아다니고 있는 괴한을 발견했다. 함께 사는 어머니와 누나는 보이지 않았다. 피고인은 도망가려던 괴한을 제압하기 위해 발과 철제 빨래 건조대, 허리띠로 때렸다. 괴한은 그만 뇌사 상태에 빠졌고 긴 병상 생활 끝에 사망하고 말았다. 나중에 밝혀진 사실이지만, 괴한은 단순 절도범이었다. 피고인의 어머니와 누나가 방에서 잠을 자는 사이 몰래 집 안을 뒤지고 있다 피고인에게 들킨 것이었다.

사례2 피고인은 잠을 자던 의붓아버지의 가슴을 칼로 찔러 살해하였다. 의붓아버지는 피고인이 아홉 살 되던 해부터 지속적으로 그녀를 강간해왔다. 피고인은 어려서부터 몇 차례 경찰에 신고했지만 그때마다 경찰은 그녀를 집으로 돌려보냈다. 의붓아버지는 지역의 검찰 공무원이었는데, 당시에는 법무부 소속 직원(검찰은 법무부 소속이다)을 오직 검찰만이 수사할 수 있다는 규정이 있었기 때문이다. 법 질서가 자신을 지켜주지 못한다고 생각한 피고인은 결국 스스로 의붓아버지를 칼로 찌르기에 이르렀다.

사례3 피고인은 만취한 처남이 자신의 아내의 머리채를 잡고 때리는 것을 목격하고 화가 나 처남과 싸우게 되었다. 그 과정에서 몸무게가 85kg 이상 되는 처남이 몸무게 62kg의 피고인을 넘어뜨리고 가슴에 올라타 목 부분을 눌렀다. 호흡이 곤란해진 피고인은 안간힘을 쓰면서 버둥대다가 옆에 떨어진 과도를 주워 처남의 허벅지를 1회 찔렀다.

사례4 피고인은 밤나무밭 주인이었다. 밤 도둑질에 시달리던 어느 날 밤나무밭에서 밤을 푸대에 주워 담는 동네 주민을 발견했다. 피고인은 밤나무 푸대를 빼앗으려 했으나 동네 주민은 반항했고 피고인은 그의 뺨과 팔목을 때렸다.

위의 네 건 중 정당방위를 인정받은 것은 한 건도 없다. 우리나라에서 정당방위를 인정받아 무죄를 받는 것은 불가능에 가깝다. 대법원에서 정당방위로 무죄를 받은 사례는 건국 이래 총 20건이 되지 않는다. 20건도 혹시 내가 모르는 숨어 있는 무죄 사례가 있을지 몰라 넉넉하게 잡은 것이고 실제로는 10건을 넘을지도 의심스러운 형편이다.

"자기 또는 타인의 법익에 대한 현재의 부당한 침해를 방위하기 위한 행위는 상당한 이유가 있는 때에는 벌하지 않는다." 형법 21조 제1항은 정당방위를 이렇게 규정하고 있다. 누군가 자신에게 나쁜 짓을 하고 있다면 여기에 대해 방어 행위를 할 수 있는데 다만 그럴 만한 이유가 있어야 한다는 뜻으로 해석할 수 있다. 우리나라에서 정당방위가 좀처럼 인정받지 못하는 이유는 바로 위 조문 중 '상당한 이유'를 무척 좁게 해석하고 있기 때문이다. 앞서 네 건의 사례의 경우, 한마디로 그럴 만한 이유가 없었다고 판정한 것이다.

───── 우리나라에는 정당방위가 없다

국선전담변호사로서 수많은 사건을 처리했지만 정당방위를 본격적으로 주장해본 건 단 한 건이다. 중상해로 기소된 20대 피고인의 사건이었다. 사람을 불구가 될 정도로 다치게 해야만 중상해가 성립하는데 피고인은 피해자의 혀를 물어 절단한 혐의를 받고 있었다. 가만히 생각해보면 뭔가 이상하다. 입 안에 있는 다른 사람의 혀를 무슨 수로 문단 말인가. 검사 측의 설명은 "다른 친구들과 함께 술을 마시다 피고인이 만취하여 쓰러지자 친구인 피해자가 인공호흡을 시도했는데 이때 피고인이 피해자의 혀를 물었다"는 것이었다.

여전히 이상했다. 인공호흡할 때 혀를 내밀지는 않는다. 기록을 보며 혼자서 인공호흡 자세를 재현해봤지만 인공호흡을 하는 사람의 입술을 물어뜯을 수는 있어도 혀를 깨무는 것은 불가능해 보였다. 무언가 곡절이 있는 게 분명했다. 하지만 수사기록만으로는 도무지 사정을 알 수가 없었다. 아무것도 기억이 안 난다는 피고인의 진술, 인공호흡을 하다 피고인에게 혀를 물렸다는 피해자의 진술, 피해자가 병원에서 치료를 받은 기록, 사건 당시를 목격한 또 다른 친구 A의 진술이 수사기록의 전부였다.

국선전담변호사는 보통 사건기록을 읽고 나서야 피고인을 만난다. 법원에서 변호할 사건을 지정해주면서 기록을 함께 보내기 때문이다. 그러다 보니 기록에서 받았던 인상이 피고인을 만나서 확 달라지는 경우가 많다. 이 사건도 그랬다. 기록에 21세라고 적혀 있던 피고인은 실제로 보니 무척 어려 보였다. 150센티미터가 되지 않는 키에 좁은 어깨와 주근깨 가득한 얼굴은 초등학생이라 해도 믿길 정도였다. 피고인은 남자였고 혀가 잘린 피해자는 여자였다.

사건은 피고인, 피고인의 애인, 피해자, 다른 친구 A와 B 총 다섯 명이 모여 술을 마시던 중 발생했다. 피해자는 주량을 과시하며 술을 전혀 하지 못하는 피고인에게 술을 가르쳐주겠다고 했다. 둘은 잔을 테이블에 내려놓을 틈도 없이 빠른 속도로 주고받았고 피고인은 정신을 잃었다. 폭력 범죄에서 술에 취해 기억이 없다는 변명은 무척이나 흔하다. 사실인지 의심스럽기도 하지만 사실이라 하더라도 정당방위와는 별 상관이 없다. 술에 만취한 상태를 '상당한 이유'로 인정해준다면 누군가를 응징하고 싶은 사람은 너도 나도 술을 마시려 할 것이다. 술에 만취해 판단할 능력이 미약했다는 이유(심신미약)로 감형을 받는 정도가 최선으로 보였다.

하지만 사건을 덮기에는 '인공호흡'이 못내 걸렸다. 그저 술에 취한 사람에게 혀를 내밀고 하는 인공호흡이 있다는 얘길 들어본 적이 없다. 경찰은 왜 이런 수상한 정황을 지나친 걸까? 구체적 얘기를 들어보려 목격자 A에게 연락해 물어보니 수상한 점이 몇 가지 더 있었다. A가 목격한 바에 따르면 인공호흡 당시 피해자는 누워 있는 피고인과 서로 입을 마주한 상태에서 오른손으로 피고인의 목을 조르고 있었다. 피고인에게 인공호흡이 필요한 상황도 아니었다. 피고인은 만취해 길에 누워 있었을 뿐인데 피해자가 홀로 인공호흡을 한다며 계속 달려들었다고 한다. 피해자의 주사라 생각한 친구들이 만류했지만 소용없었다. 친구 A에게 그때 있었던 일을 경찰에게 자세히 설명하지 않은 이유를 묻자, 경찰이 이 점에 대해서는 궁금해하지 않았다는 답이 돌아왔다.

경찰은 왜 이런 수상한 정황을 지나친 걸까? 죄를 지었으면 처벌을 받는 게 원칙이다. 피고인이 자신의 혐의에 대해 별다른 억울함을 호소하지 않은 이상 피해자의 혀를 깨물어 불구로 만든 사람에게 혹시라도 억울한 사정이 있을지 찾아봐주기란 쉬운 일이 아니다. 피해자의 혀가 잘린 건 분명했고, 피고인이 혀를 물어뜯었다는 피해자의 진술과 목격자의 진술이 확보된 이상 필요한 수사는 모두 마친 셈이었다.

'인공호흡'을 둘러싼 정황을 파헤치기 위해, 수사기록에 나와 있지 않은 나머지 사람들(피고인의 애인, 친구 B)의 얘기를 종합해 사건을 재구성해야만 했다. 이들도 술을 마신 상황이었고 한 사람이 처음부터 끝까지 상황을 지켜본 것이 아니어서 마치 모자이크처럼 각자의 이야기를 이어 붙여야 했다.

이날 피고인과 피해자가 나눠 마신 소주는 6병이었는데 이 중 3병 정도를 피고인이 마셨다. 나머지 3병은 피해자와 술집 바닥의 몫이었다. 피해자는 술을 가르쳐주겠다며 피고인과 연이어 대작을 했지만 몰래몰래 자신의 술을 바닥에 버렸다는 것이 친구들의 한결같은 증언이었다. 술을 많이 버리고도 마신 술의 양이 꽤 되는지 피해자는 피고인의 애인에게 귓속말로 "나 네 애인이랑 키스해도 돼?"라고 물어봤다고 했다. 피해자가 단단히 취했다 생각한 피고인의 애인은 대꾸를 하지 않았고, 이어 가게 점원이 정신을 잃은 피고인을 화장실에서 데리고 나왔다. 일행은 술집을 빠져나왔고 정신을 잃은 피고인은 점원과 또 다른 친구의 부축을 받아 질질 끌려 나왔다. 보행자가 많은 좁은 골목인 터라 친구들은 길가에 주차된 차량과 건물 사이에 피고인을 눕혀놓은 채 대책을 논의했다. 그 사이 피해자는 피고인에게 다가가 여러 번 입을 맞추었고 그때마다 피고인은 신음에 가까운 소리를 지르거나 몸을 비틀거나 발을 동동 굴렀다. 이를 본 다른 친구들이 피해자를 떼어놓았지만 그때마다 피해자는 인공호흡을 해야 한다며 계속 달려들었다.

건국 이래 최초로 정당방위가 본격 논란이 된 사례가 이 사건과 유사하다. '변월수 사건' 역시 강제로 키스하는 상대의 혀를 물어 절단한 것이 문제가 되었다. 1988년 귀가하던 변월수라는 여성이 두 괴한에게 성추행을 당하던 도중 강제로 키스를 하는 괴한의 혀를 깨물었고 혀 일부가 절단되었다. 그녀 역시 기소되었으나 대법원은 정당방위를 인정해 그녀에게 무죄를 선고했다.

변월수 사건에 비추어 볼 때 이 사건에서도 법원이 정당방위를 인정해줄 듯했다. 강제로 키스를 시도하는 남성의 혀를 문 것이 무죄라면, 강제로 키스를 시도하는 여성의 혀를 문 것도 무죄가 되어야만 하지 않겠는가? 상대방이 목을 조르며 원하지 않는 키스를 시도하는 상황이니 '현재의 부당한 침해'는 인정될 것이다. 다만 혀를 깨물 수밖에 없었던 '상당한 이유'가 문제였다. 성별이 뒤바뀐 것, 주변에 도움을 요청할 친구들이나 행인들이 많았다는 점은 변월수 사건에 비해 불리해 보였다. 그러나 사건 당시 피고인이 만취해 도저히 다른 저항 방법을 생각할 수 없었던 점, 앞서 키스를 시도할 때도 몸을 비틀고 신음 소리를 내서 저항을 시도했던 점은 유리한 정황이었다. 힘이 약하고 만취한 피고인으로서는 할 수 있던 모든 저항을 다 한 것 아닌가. 피해자의 가학적인 행동도 짚고 넘어가야 했다. 인공호흡을 하겠다며 피해자는 여러 차례 피고인의 목을 졸랐다. 친구들은 피고인이 줄곧 발을 동동 굴렀다고 증언했다. 목이 졸려 숨을 쉬지 못했을 가능성이 있었다.

그러나 결과는 유죄였다. 한 줌도 안 되는 정당방위의 역사에 사례 하나를 추가하는 데 실패하고 말았다. 역시나 '상당한 이유'가 없다는 것이 이유였다. 혀를 물어 끊을 정도면 상당한 힘을 가해야 하는데 이 정도 힘이 있다면 혀를 물기보다는 주위에 도움을 요청했어야 한다는 이유였다. 만취 상태여서 말도 제대로 못 해 신음 소리로 의사를 표시하는 상태였고, 몇 차례나 몸을 비트는 등 저항을 시도했지만 소용이 없었고, 상대가 목을 졸라 숨을 쉬기 힘든 상황이 벌어졌을 가능성이 높았는데도 법원은 자력에 의한 해결을 허락하지 않았다.

이 판결이 시사하는 바는 분명하다. 이미 사건이 끝난 상황에서 제3자인 내가 냉철하게 상황을 분석하고 여러 가능성을 모아 주장했음에도 정당방위가 인정되지 않았다. 흥분하여 판단을 제대로 할 수 없는 상황에서 정당방위라고 생각하고 행동했다가는 어떻게 되겠는가? '우리나라에는 정당방위가 없다'고 머리에 새기고 행동을 해야 한다.

왼쪽 뺨을 때리면 오른쪽 뺨을 내밀라는 건가? 법원이 전

국민에게 성자가 될 것을 요구할 리는 없다. 해답은 정당방위가 인정된 사례에서 찾을 수 있다.

사례1 피고인은 방 안에서 병으로 찔리고 이유 없이 폭행을 당하다 이를 피하여 방 밖으로 나왔다. 피해자는 피고인을 쫓아 나와서까지 폭행을 했다. 이 과정에서 피고인은 피해자를 껴안거나 멱살을 잡고 흔들었다.

사례2 피해자가 피고인에게 다가와 폭언을 하면서 피고인의 오른손 검지를 물어뜯으려 했다. 피고인이 이를 피하려고 손을 뿌리치면서 두 손으로 피해자의 양어깨를 눌렀다.

사례3 차량 통행 문제를 둘러싸고 피고인의 아버지와 다툼이 있던 피해자가 자신의 차량에 올라타 상대방을 향해 돌진하려 했다. 피고인의 아버지가 양팔을 벌리고 이를 제지하였으나 피해자가 이에 불응하고 그대로 차를 피고인의 아버지를 향해 약 3미터 가량 전진시켰다. 차 옆에 서 있던 피고인은 차를 정지시키기 위해 운전석 창문을 통해 피해자의 머리털을 잡아당겼다.

판례가 보내는 신호는 일관적이다. 공권력에 호소하라. 그

것이 정 힘들면 소극적으로 방어만 해야지 공격으로 나서서는 안 된다. 글 서두에서 예로 들었던 사례 중 의붓아버지에게 지속적으로 강간을 당하던 피고인과 밤나무밭 주인인 피고인의 사례에서 그래도 공권력에 도움을 요청했어야 한다는 것이 법원의 판단이었다. 아버지가 검찰 공무원이라도 그 누구도 건드릴 수 없는 존재가 아닌 이상 공권력으로 상황을 해결했어야 한다는 것이고, 밤을 주워 가는 주민은 나중에 경찰에 신고를 했어야 한다는 것이다. 침입한 괴한을 때려 사망케 한 피고인과 처남을 칼로 찌른 피고인의 행위는 소극적 방어가 아니라 적극적 공격행위로 평가했다. 앞의 경우엔 계속된 구타로 괴한이 쓰러진 상황에서도 머리를 계속 찬 것이 소극적 방어의 수준을 넘어섰다고 봤으며, 처남을 찌른 건 두 사람이 싸움을 벌이던 과정에 벌어진 일이라는 점에서 소극적 방어가 아니라고 판단했다.

_____ Stand Your Ground

정당방위 범위가 지나치게 좁다는 비판이 많다. 하지만 정당방위의 범위가 넓어지는 것이 좋은 일만은 아니다. 영국 보통법에는 캐슬 독트린Castle Doctrine이라는 것이 있다. "영국인에게 집은 성이다(An Englishman's home is his castle)"라는 문구로 표현되는 이 법리는 자신의 집을 침입한 사람을 방어할 권한을 부여하던 전통에서 유래했다. 성을 침입한 외적을 격퇴하듯, 거주자는 주거 침입자를 물리칠 권리가 있다는 내용이다. 최근 들어 캐슬 독트린에 입각한 정당방위의 범위는 확대되는 추세다.

시작은 2005년 미국 플로리다 주에서 도입한 스탠드유어그라운드Stand Your Ground 법이다. 집뿐만 아니라 현재 밟고 서 있는 땅 역시 성으로 인정해주겠다는 의미쯤으로 해석할 수 있다. 이 법에 의하면 집이 아닌 공공장소에서도 총기 사용을 할 수 있고, 사건 발생 후 총기 사용자가 정당방위였다 주장하면 사법 당국이 정당방위가 아니었음을 입증해야만 그를 기소할 수 있다. 이 법이 인정하는 정당방위의 범위가 얼마나 넓은지는 2012년 플로리다에서 벌어진 사건에서 잘 나타난다.

16세 흑인 소년 트레이본 마틴Trayvon Martin은 주택가를 서성이고 있었다. 마틴은 아버지를 만나기 위해 인근의 편의점에서 사탕을 사서 아버지의 약혼자 집으로 천천히 걸어가고 있었다. 마침 근처를 순찰하던 자율 방범대원 조지 짐머만George Zimmerman은 그를 의심해 추격하다 총격을 가하였고 소년은 사망했다. 짐머만의 진술에 따르면, 피해자 소년은 후드를 입어 얼굴이 안 보이는 상태에서 흉기가 든 것으로 보이는 비닐봉지를 들고 배회하고 있어 수상해 보였다고 한다. 짐머만은 경찰에 신고한 뒤 직접 소년에게 다가가 제지하였으나 그가 자신을 위협해 총격을 가했다고 진술했다.

무기를 소지하지도 않았고, 술이나 마약에 취하지도 않았고, 전과도 없는 16세 흑인 소년을 경찰도 아닌 자율 방범대원이 살해했다. 그러나 그는 기소되지 않았다. 짐머만은 정당방위를 주장했고 스탠드유어그라운드법에 의하면 수사기관이 이를 반박할 증거를 제시하지 않는 한 조사를 할 수 없기 때문이다. 격분한 여론에 밀려 이후 짐머만은 2급 살인 혐의로 기소되었으나 결국 무죄가 선고되었다. 이 판결 이후 전국적으로 이에 항의하는 시위가 벌어졌다.

총기 소지가 불법이고 인구밀도가 높으며 경찰서가 비교적 가까이 있는 우리나라에서 정당방위의 범위를 좁게 가져가는 것을 이해 못 할 바는 아니다. 정당방위가 허용될 수도 있다는 믿음을 주어 보복성 폭력 행위로 이어지게 하는 것보다, 팔을 잡는 등의 현상 유지만 하게 하고 공권력을 빌어 사건을 처리하는 편이 폭력의 총량을 줄일 수 있는 길이다. 물론 몇몇 아쉬운 사건이 있긴 하지만 더 큰 위험을 줄이기 위해선 현행법을 인정할 수밖에 없다.

이 사건은
반드시
무죄를
받아야 한다

―――― **70대 노인 철제 변압기 살인미수 사건**

국선전담변호사가 되고 뉴스 후반부를 귀담아 듣게
됐다. 재계 정계 소식과 대형 공안 사건이 뉴스 앞부
분을 장식하고 나면 스포츠 뉴스를 하기 전까지 소소
한 범죄 뉴스가 스쳐 지나가는데, 그중 몇 개는 다시
만날 것 같은 예감이 든다.

　적중 확률은 꽤 높다. 막연한 예감이 아닌 나름

근거 있는 예측인 탓이다. 뉴스에 날 정도라면 꽤나 강력 사건이다. 살인, 강간, 방화, 칼부림 정도는 되어야 뉴스거리가 되는데, 내 담당이 이런 강력 사건을 다루는 합의부이다 보니 뉴스에 나오면 일단 첫 단계는 통과하는 셈이다. 강력 범죄라고 모두 뉴스에 나오지는 않는다. 거기에 더해 무언가 사연이 있어야 하는데, 그 사연이란 게 보통 국선변호사를 필요로 하는 경우가 많다. 뉴스에 '생활고', '장애', '노숙' 같은 단어가 들어 있으면 얼마 후 그 사건 파일이 내 책상 위에 올라와 있다.

이 사건도 그랬다. 피고인은 공무원이었던 남편의 폭력에 시달리다 치매 수발까지 해야 했던 70대 노인이었다. 사건 당시 피고인은 허벅지에 입은 화상 상처에 약을 바르고 있었다. 피고인에게 찜질할 물을 가져다주겠다며 남편이 펄펄 끓는 물을 허벅지에 부어 생긴 상처였다. 마침 안방에서 드렁드렁 남편이 코 고는 소리가 들리자 피고인은 화가 치밀었고, 당하고만 살 수 없단 생각에 신발장에 있던 철제 변압기로 남편의 이마를 여러 차례 내리쳤다.

피고인의 죄명은 살인미수였다. 살인미수죄의 형량은 징역 2년 6개월 이상인데 3년 이하로만 형을 받는다면 집행유예를 노려볼 수 있다. 여러 정황에 비추어 볼 때 집행유예를 받을 가능성이 높아 보였다. 전과가 없었고, 피해자도 피고인의 처벌을 원하지 않았다. 피고인의 사정이 굉장히 딱했다. 검찰도 그렇게 판단했는지 구속영장을 신청하지 않았다. 불구속 상태로 재판받는 피고인에게 실형이 선고될 확률은 낮다. 무게감이 느껴지는 죄명에서 알 수 있듯 살인미수죄로 집행유예를 받기는 쉬운 일이 아니지만 이 사건에서는 가능할 듯 했다.

이런 사정을 아는지 모르는지 피고인은 눈물을 흘리며 억울함을 호소했다. 평소 자신을 괴롭히던 남편을 혼내주고 싶은 마음이었지 결코 죽일 마음은 없었다고 했다. 피고인들이 그런 말을 하는 게 새삼스러운 일은 아니었다.

살인미수 혐의를 받는 사람들 대부분이 이 같은 주장을 하곤 한다. A라는 사람 때문에 B가 죽었다 치자. 이때 A에게 적용되는 죄명은 살인죄만 있는 게 아니다. A가 무슨 마음을 먹고 행위를 했느냐에 따라 죄명은 네 가지로 갈린다. 죽일 마음이었다면 살인죄, 다치게 할 마음이었다면 상해치사죄, 그냥 좀 때려줄 마음이었다면 폭행치사죄, 이것도 저것도 아니고 실수로 죽게 했다면 과실치사죄. 똑같이 피해자가 사망했더라도 가해자의 마음속에 어떤 의도가 있었는지에 따라 죄명은 갈린다. 이러다 보니 살인(미수)혐의를 받는 피고인들 십중팔구는 형을 줄여보려 '죽일 의도는 없었고 그냥 좀 혼내주려고만 했다'고 주장들을 한다.

마음속 일을 어떻게 알아낼까. 적어도 기술적으로는 불가능하다. 거짓말탐지기가 있긴 한데, 인권이고 뭐고를 떠나 정확도가 떨어져서 법정에서는 검사 결과를 증거로 인정하지 않는다. 결국 가해자의 진정한 의도는 순수하게 인간이 판단할 몫으로 남는다. 자의적인 판단을 막기 위해 판례는 나름의 기준을 확립했는데, 사용한 흉기, 가해한 부위, 가해 횟수 등등 객관적인 사정을 종합해서 살인 의사가 있었는지 여부를 결정한다. 쉽게 말해 칼로 목이나 가슴 배 등을 여러 차례 찔렀다면 살인죄, 야구방망이 따위로 다치게 하려다 잘못해서 머리를 쳐 상대방이 죽었다면 상해치사, 화가 나 그냥 따귀를 한 대 때렸는데 뒤로 자빠져 머리가 깨졌다면 폭행치사다.

이 사건의 피고인은 철제 변압기로 남편의 이마 부위만을, 그것도 뇌출혈로 3개월 동안 입원할 정도로 내리쳤다. 사건 직후 경찰 조사에서 피고인은 남편을 죽이려 했다고 자백하기도 했다. 이제 와 무죄를 주장하는 것은 무리였다. 게다가 반성하지 않는다는 이유로 형량이 무거워질 수도 있었다. 몇 차례나 피고인을 만나 자백하고 선처를 구해보자 했지만 요지부동이었다. 피고인이 고집을 부리니 무죄를 주장할 수밖에 없었다.

사실 피고인이 고집을 부리지 않았더라도 살인미수죄에 대해서는 반드시 무죄를 받아야 했다. 이 사건에는 피고인도 모르고 수사 검사도 놓쳤던, 수사 과정에서도 한번도 논점이 되지 않았고 재판이 끝날 때까지 언급조차 되지 않았던, 결정적인 쟁점이 숨겨져 있었다.

민법 1004조는 "고의로 직계존속, 피상속인, 그 배우자 또는 상속의 선순위나 동순위에 있는 자를 살해하거나 살해하려 한 자는 상속을 받을 수 없다"고 규정하고 있다. 쉽게 풀어 얘기하면 자기가 죽이거나 죽이려고 한 사람한테서는 상속을 받을 수 없다는 뜻이다. 그 유명한 94년 '박한상 존속살인 사건'의 범인 박한상도 100억대에 이르는 부모의 재산을 노렸지만 이 규정 때문에 한 푼도 상속받지 못했다.

피고인도 비슷한 처지였다. 피고인은 공무원이었던 남편이 받는 연금에 전적으로 의존해 생활하고 있었는데, 만약 살인미수죄가 인정된다면 남편 사후에 연금을 받을 수 없다. 형사재판이었고 재판에서는 형법만 문제가 됐지만, 정작 제일 중요한 건 민법이었던 것이다.

형사재판에는 합병증이 있다. 형법만 고려하고 일을 진행하다 보면 가벼운 벌금형조차 예상치 못한 곳에서 무서운 결과를 낳기도 한다.

2015년 조희연 서울시 교육감은 선거 과정에서 상대 후보인 고승덕 후보에 대해 허위 사실을 유포했다는 이유로 재판을 받았다. 공직선거법상 허위사실공표죄의 법정형은 500만 원 이상의 벌금이다. 조 교육감은 고 후보가 미국 영주권자라는 의혹을 제기했으나 이는 사실이 아니었다. '고 후보는 미국 영주권자다'라고 단정적으로 주장한 것이 아니라 '이런 의혹이 있으니 고 후보는 이에 대해 해명하라'고 요청한 것이긴 했지만, 대법원 판례는 간접적이고 우회적인 방법으로 사실을 암시하는 경우도 허위 사실을 공표한 것으로 보고 있다. 조 교육감은 인터넷 매체의 보도를 근거로 의혹을 제기한 것이라 굉장히 억울하기는 했겠지만, 그대로 가면 유죄판결이 나올 가능성이 높았다.

형사재판에는 작량감경酌量減輕이라는 게 있다. 재판장이 이 런저런 사정을 감안해서 법정형 아래로 형을 줄여주는 것인데 그 범위는 1/2까지다. 허위사실공표죄의 경우 법정형이 벌금 500만 원 이상이니 작량감경을 받으면 벌금 250만 원까지 낮출 수 있다. 하지만 조 교육감에게는 형량을 낮추는 것이 아무 의미가 없었다. 선출직 공무원의 경우 선거법 위반으로 100만 원 이상의 벌금형을 받으면 당선이 무효가 되기 때문이다. 조 교육감 재판은 당선 무효라는 합병증을 중심에 놓고 봐야 이 해할 수 있다.

내가 맡았던 다른 사건들에서도 이런 양상을 찾을 수 있 다. 피고인이 놓인 처지를 이해해야 풀어나갈 방향을 온전히 이해할 수 있는 사건들이었다. 노래방에서 술과 도우미를 제공 한 중국 동포 피고인은 한국말도 못 하고, 노래방 이용료가 얼마인지도 모르는 자신의 어머니가 운영자라고 주장했다. 이미 진술을 여러 번 바꿨던 터라 더 설득력이 없었다. 자백하고 선처를 구하자 설득했지만 소용없는 일이었다. 인력 사무소에서 보내준 승합차를 타고 일을 하러 가다 운전수와 싸움을 한 또 다른 중국 동포 피고인은 차에 동승했던 9명 모두가 폭행 장면을 봤다고 증언했음에도 끝끝내 억울함을 호소했다. 중국 동포 피고인들은 도저히 납득할 수 없는 사실 관계를 홀로 주장하는 경우가 많았다.

그들의 앞뒤 맞지 않는 거짓말은 관련 법규를 알고 나서야 이해할 수 있었다. 당시에는 외국인이 200만 원 이상의 벌금형을 받으면 일률적으로 강제 추방됐다. 중국 동포들은 가족 전체가 한국으로 이주하는 경우가 많다. 가족, 친구, 일터가 모두 한국에 있다는 점이 여느 외국인들과 다르다. 음주운전의 경우 보통 벌금이 200만 원 가량 나온다. 음주운전 한 번 때문에 가족과 평생 헤어져 살아야 한다면 어쩌겠는가.

정치인이나 중국 동포의 경우처럼 형사재판으로 인한 불이익이 이미 잘 알려져 있는 경우가 있는가 하면, 반대로 잘 알려지지 않은 경우도 부지기수다. 법률가조차 우리나라에 존재하는 모든 법을 숙지하고 있기는 어렵다.

문제는 이를 알고 있어도 자주 놓친다는 것이다. 나 역시도 놓칠 뻔 했다. 수사기록에 피고인이 남편의 연금으로 생활한다는 얘기는 적혀 있지 않았다. 있을 이유도 없었다. 형사재판이라는 건 어디까지나 피고인이 죄가 있는지 아닌지만 가리는 것이지 어떻게 생활비를 버는지 밝혀야 할 이유가 없다. 막막해서 이것저것을 물어보다 할아버지가 연금을 받는다는 얘기를 듣고서도 한참 뒤에야 상속결격을 떠올렸다. 재판에 숨겨진 쟁점을 파악하려는 노력은 그래서 중요하다.

——— 제3의 가능성을 찾아서

한 번의 실수로 피고인이 거리에 나앉게 할 수는 없었다. 무슨 수를 써서라도 살인미수만큼은 피하고 싶었다. 일단 피고인이 경찰에서 한 자백은 간단히 날릴 수 있었다. 현행법상 피고인이 경찰에서 한 진술은 법정에서 이를 부인하는 한 증거능력을 잃는다. 하지만 철제 변압기를 사용한 점, 머리 부위만 가격한 점, 여러 차례 내리친 점, 뇌출혈이 발생한 점은 살인 고의를 입증할 결정적인 증거가 될 수 있었다. 일단 이를 인정하면서 제3의 가능성을 제시해야만 하는데 이런 상황에서 빠져나올 수 있는 가능성이 하나 있긴 했다.

쉐이킹베이비 신드롬shakingbaby syndrome이라는 게 있다. 우리 뇌는 머리뼈 속에 둥둥 떠 있다. 계란 껍질 속에 떠 있는 노른자를 떠올리면 된다. 그렇다 보니 머리를 세게 흔들면 아무런 외상이 없더라도 떠 있던 뇌가 흔들리다 뇌출혈이 발생할 수 있다. 아기들이 귀엽다고 세게 흔들면 뇌출혈이 발생할 수 있는

데 여기서 이름을 따 쉐이킹베이비 신드롬이라고 한다. 고속으로 충격을 가하면 가격한 부위에 골절이 발생하는 동시에 출혈이 발생하는데, 그게 아니라 흔들거나 미는 정도로 가격한 경우 골절 없이 힘을 가한 반대 부위에 뇌출혈이 발생하기도 한다. 대학 다니던 시절 법 공부가 지겨워 수강했던 법의학 시간에 배워둔 내용이다. 피해자는 골절이 없었고 출혈도 가격 부위와 반대였다. 피고인이 피해자를 죽일 생각이었다면 고속으로 가격했을 텐데 그렇지 않았기에 저속으로 공격했고, 그래서 뇌출혈이 이런 양상이라 주장해볼 만했다. 하지만 반대 증거(철제 변압기, 가격 부위, 횟수, 결과)가 워낙 강해서 이 주장이 받아들여질지 자신이 없었다.

유죄 가능성이 매우 높을 때의 일반적인 처방은 죄를 인정하되 형을 줄이기 위해 애쓰는 것이다. 그러나 앞서 언급한 조희연 교육감이나 중국 동포 피고인들의 경우처럼 피고인도 형량을 줄이는 게 무의미했다. 반드시 살인미수 무죄를 받아내야만 하는 재판이었다. 일반 재판에서 조 교육감이 유죄를 피하기는 쉽지 않았을 것이다. 직업법관은 '단정적 주장이 아니라도 허위 사실 유포에 해당한다'는 기존 대법원 판례를 따를 가능성이 매우 높기 때문이다. 조 교육감이 일반 재판이 아닌 국민참여재판을 택한 것도 이런 관점에서 이해할 수 있다. 국민참여재판은 기존의 관례나 판례에서 상대적으로 자유롭다. 나 역시 배수진을 치는 심정으로 국민참여재판을 선택했다.

형사재판에는 인간사에 존재하는 온갖 불행이 등장한다. 피고인들이 동정을 사기 위해 조실부모, 부모의 병환, 배우자의 병환, 자기의 병, 생활고 등을 호소하곤 하는데, 계속 듣다 보면 그 진위도 의심스럽고 또 무감각해진다. 이번 사건에서 피고인의 딱한 사정도 이런 스토리를 자주 접하는 판사보다는 처음 겪는 배심원들에게 더 호소력 있을 듯 했다.

결국 피고인은 살인미수 무죄를 판결받았다. 남편을 때려 다치게 한 사실에 대해서만 상해죄로 유죄판결을 받았고 형은 예상한 대로 집행유예였다. 검찰 역시 애초에 집행유예를 구형했기 때문에 가만히 있었어도 집행유예는 받을 수 있었을 터였다. 어차피 집행유예인데 왜 이리 열을 내며 재판을 하나 다들 궁금해했던 기억이 난다.

우리나라 건강보험 재정의 상당수를 감기 환자가 차지한다는 얘기가 있다. 어차피 동네 병원에 오는 사람들은 대부분 감기 환자이니 감기에 대해서만 잘 가르쳐 의사 자격증을 발급해도 되지 않을까? 그러나 감기와 비슷해 보이지만 감기가 아닌 다른 질환을 찾아낼 수 있는 능력이 있어야 의사가 될 수 있다. 법률가도 마찬가지다. 형법만 가르쳐서 형사사건만 맡는 법률가를 만들자는 얘기가 있다. 언뜻 그럴 듯해 보이지만 절대 그런 일이 벌어지면 안 된다는 것을 이 케이스를 통해 알

수 있다. 별 문제 없겠지, 하는 마음으로 안일하게 처리했다가
전혀 생각지도 못했던 곳에서 부작용이 생길 수 있다.

법 집행에서 일어날 수 있는 온갖 합병증, 부작용에 대한
나의 처방은 아주 단순하다.

우선 피고인의 말을 한 마디도 빼놓지 않고 듣고 기록한다.

그다음 피고인의 입장에서 사건을 재구성해본다.

그리고, 절대 잊지 않는다.

작고 시급한
정의를 위하여

당연한 얘기지만 범죄를 저지른 동기는 무척이나 중요
하다. '몇 년간 따돌림을 받다가 화가 나서 같은 반 친
구를 때렸다'던지 '돈이 없어 찜질방을 전전한 끝에 식
사비를 마련하려 돈을 훔쳤다' 같은 사연이 있으면 형
량을 줄이는 데 아무래도 도움이 된다. 피고인과의 상
담 과정에서 왜 그런 일을 저질렀는지 물어보고 참작

할 만한 동기가 있는 경우 재판부에 이를 주장하곤 한다.

하지만 딱 하나, 동성 성폭력 사건에서는 재판부에 그 동기를 설명해본 적이 없다. 유불리를 떠나 피고인들이 주장하는 동기가 하나같이 말이 되지 않았기 때문이다. '어묵인 줄 알고 입에 넣었다', '탐스러워서 만져보았다' 인터넷에서 농담처럼 떠도는 이 범죄 동기들은 모두 동성 성폭력 혐의의 피고인들이 했던 변명이다.

내가 만난 한 피고인은 목욕탕에서 등을 밀어준다며 청소년에게 접근해 성기를 만진 혐의를 받고 있었다. 목욕탕을 나오자마자 체포된 피고인은 범행을 정직하게 자백했다. 목격자가 없으니 뻔뻔하게 부인할 수도 있었지만 그러지 않았다. 하지만 피고인이 밝힌 범죄 동기만큼은 이상했다. '자식 같아서'. 이미 피고인에게는 동종 수법 전과가 있었다. 몇 번씩 형사처벌을 받으면서도 포기할 수 없는 자식 사랑을 어찌 이해해야 한단 말인가. '어두운 데서 물건을 찾으려다.' 사우나 수면실 옆 사람의 성기를 만진 피고인 역시 마찬가지였다. 역시 동종 수법 전과가 있었다. 피고인이 어둠 속에서 물건을 찾으려 더듬거릴 때마다 운이 없게도 그곳엔 남자 성기가 있었다. 아무리 봐도 다른 분명한 이유가 있어 보이는데, 왜 하나같이 이상한 변명을 하는 걸까? 범행을 순순히 인정하면서도 이러니 처벌을 피하려는 꼼수로 볼 수도 없었다.

또 다른 피고인은 미성년자 강제 추행 혐의를 받고 있었다. 사우나 수면실에서 동성인 미성년자의 성기를 손으로 만지고 입으로 애무한 혐의였다. 수사기록이 인상적으로 얄팍했다. 기록을 읽어보니 그럴 만도 하다는 생각이 들었다. 수사 초반부터 피고인은 혐의를 적극적으로 인정했다. 껌껌한 사우나 수면실에서 벌어진 일이라 목격자도 없으니 더 수사할 것이 없긴 했다. 훗날 피고인이 자백을 번복하더라도 수사 결과가 뒤집힐 가능성은 매우 낮았다. 게다가 피고인은 사건 직후 피해자와 합의까지 마친 상황이었다.

하지만 사건기록을 읽는 내내 위화감을 떨칠 수 없었다. 피해자의 진술은 뭔가 아귀가 맞지 않았다. 수면실에서 단둘이 있었을 때 벌어진 일이야 내가 검증할 방법이 없었지만 그 외의 상황에 대한 피해자의 진술은 분명 거짓말이었다. 피해자는 대학 새내기임을 자처하고 있었고, 사건 당일에는 자취방을 알아보러 다니다 문제의 사우나에 들렀다 했다. 이 짧은 진술에만도 의심스러운 점이 몇 가지나 있었다. 때는 4월 중순이고 사건이 벌어진 건 일요일 오후였다. 4월 중순이면 대학 중간고사 기간이다. 방학도 아닌 학기 중에 그것도 시험 기간에 대학 신입생이 자취방을 구하러 다닐 리가 없다. 게다가 문제의 사우나는 공장 지대 한가운데에 있었다. 대학 주변의 싼 자취방을 두고 한강 건너에 있는 공장 지대까지 찾아와 방을 찾는다는 것도 말이 되지 않았다. 공인중개사가 일제히 쉬는 일요일에 방을 찾으러 다녔다는 주장은 경험이 부족한 탓으로 봐준다고 해도 말이다.

짚이는 게 있어 문제의 사우나 이름을 인터넷에서 검색해봤다. 검색 결과가 제법 많았다. 맛집도 아닌 사우나에 대한 검색 결과가 많았던 건 해당 사우나가 동성애자들의 즉석 만남 장소로 유명했기 때문이었다. 피해자는 수면실에 들어가 자려고 누운 지 한참 만에 피고인이 자신을 추행했다고 주장했다. 그러나 사건 장소가 동성애자들이 만나는 장소였다면 피해자가 이를 모를 리 없었다. 그런 사우나 수면실을 나도 경험한 적이 있기 때문이다.

예전에 친구와 술을 마시다 차가 끊겨 함께 24시간 사우나에 잠을 자러 간 적이 있다. 주변은 퇴락해가는 오피스가라 젊은 사람들이 올 만한 유흥업소가 전무했는데, 사우나에는 동네에 어울리지 않는 20대 초반 젊은이들이 복작대고 있었다. 하나같이 희멀끔하고 군살이 없었다. 몸을 씻으러 탕에 들어가니 정성스럽게 몸에 무언가를 펴 바르는 젊은이도 있었다. 일반적인 남탕에서는 본 적이 없는 광경이었다. 오지랖이 발동해 그게 뭐냐 물어보니 스크럽제라 했다. '요즘 젊은이들은 미용에 관심이 많구만.' 대수롭지 않게 생각하고 몸을 씻었다.

뜨거운 물에 씻고 나니 몸이 노곤해져 수면실로 향했다.

이상하게도 넓었다. 과장을 좀 보태자면, 어둠에 적응되지 않은 눈으로 봤을 때 지평선이 안 보인다는 느낌이 들 정도였다. '오피스가라 잠시 휴식을 취하러 오는 직장인들이 많은가.' 대충 끼워 맞춰 생각하고는 자리에 누웠는데 어둠 속에서 점점 뭔가가 눈에 들어왔다. 생 텍쥐베리의 〈어린 왕자〉 초입에 등장하는 코끼리를 삼킨 보아뱀 같은 것이 내 옆에 있었다. 이불을 머리 끝까지 덮고 누워 있는 사람인 것 같은데 그 몸의 두께가 지나치게 두꺼웠다. 초현실적인 장면이라 멍하니 바라보고 있는데 이불 끝에서 머리가 빠져나왔다. 나란히 포갠 두 남자의 머리였다. 잠이 확 깨서 주변을 둘러보니 다산을 기원하는 고대 동굴벽화 속 장면이 사방에 펼쳐져 있었다. 편히 잠을 잘 수 있는 곳은 아니었다. 나는 옷을 챙겨 입고 친구와 함께 사우나를 빠져나왔다. 사건기록을 읽다 보니 그때 일이 떠올랐다. 아무래도 의심스러웠다.

피고인은 왜소한 중년 남성이었다. 검게 탄 피부는 수분 하나 없이 바싹 마르기까지 해서 뱃일을 하는 게 아닐까 싶을 정도였다.

"저는 성불구입니다. 여자를 봐도 아무런 느낌이 없고 남자를 봐도 아무런 느낌이 없습니다."

피고인은 자리에 앉자마자 묻지도 않은 말을 늘어놓았다. 묻고 싶은 건 당시 구체적인 상황이었는데 피고인은 자신이 성

불구라는 말만 반복하고 있었다. 상담은 계속 빙빙 돌았다. 더 기다릴 수 없어 피고인의 말을 끊었다.

"저는 선생님이 동성애자든 성불구자든 전혀 관심이 없습니다. 그런데 제가 볼 땐 선생님이 억울하신 부분이 분명 있는 것 같아요. 수사기관에서 말 못 한 게 있으면 저한텐 얘기해주세요."

글로 일일이 옮기는 자체가 지루할 정도로 긴 설득이 이어졌다. 어느 정도 시간이 지났을까, 피고인은 내 얼굴을 한참이나 물끄러미 지켜보고 있었다. 드디어 솔직한 대답을 해줄 것 같았다.

"정말로 피해자의 동의가 없었습니까?"

피고인은 단호하게 고개를 가로저었다.

"이 생활이 몇 년째인데 함부로 행동했겠습니까."

피고인이 말해준 게이 사우나의 프로토콜은 이렇다. 마음에 드는 상대가 있으면 옆에 가서 바싹 붙어 눕는 것이 1단계다. 이때 상대의 거부반응이 없으면 다음 단계로 넘어간다. 2단계는 상대의 허벅지 위에 손을 올려놓는 것이라 했다. 역시나 특별한 반응이 없다면 동의로 간주하고 계속 진행한다. 혹시 피해자는 자고 있었던 것은 아닐까. 피고인은 분명 피해자가 깨어 있는 걸 확인했고 자신이 허벅지에 손을 올리고 쓰다듬자 상대방이 흥분하는 것을 봤다고 말했다.

피고인의 관심은 오로지 재판을 조용히 끝내는 데 있었다. 결백을 입증해 무죄를 받고 싶긴 했지만 자신의 성적 정체성이 밝혀지는 것을 더 두려워했다. 피고인의 부모님은 독실한 기독교 신자였다. 피고인 역시 모태신앙으로 시작해 평생 교회를 다녔다. 그의 종교는 동성애를 죄악시한다. 매주 일요일마다 '네 앞으로 지옥행 열차가 예매되어 있다'는 걸 확인받는 삶은 어떤 삶일까. 종교와 성적 정체성 그 어떤 것도 버릴 수 없었던 피고인은 결국 삶을 버리려 했지만 그마저도 불가능했다. 기독교에선 자살 역시 죄악이기 때문이다. 혐의를 부인하면 재판을 받으러 여러 번 와야 한다는 얘기를 듣자, 피고인은 유죄가 나와도 좋으니 재판을 빨리 끝내달라고만 했다. 피고인의 가장 큰 걱정은 교회 사람들에게 이 사실이 알려지는 것이었다. 그런 걱정을 할 만도 했다. 피고인은 지역의 큰 교회를 다니고 있었고, 필시 법원 직원 중에도 같은 교회 신도가 있을 터였다.

피고인의 결정을 어찌 받아들여야 하는 걸까. 제일 먼저 든 고민은 '이런 고민을 하는 것 자체가 주제넘은 짓이 아닐까?'였다. 변호사는 유리한 판결을 받게 해주면 그만 아닌가. 무죄를 받는 데 전력을 기울여도 모자랄 판에 이런 고민을 해도 되는 걸까.

사실 피고인이 결백을 입증해달라 강하게 요구했어도 이

사건에서 할 수 있는 건 피해자를 증인으로 불러 신문하는 것이 전부였다. 하지만 피해자에게 뭘 기대하겠는가. 피해자가 이제 와서 이날 일은 합의하에 벌어진 일이라고 할 리 만무했다. 또한 피해자가 수사 과정에서 한 진술이 거짓임을 입증한다 하더라도 결정적인 증거는 될 수 없었다. 피해자 역시 말 못할 사정이 있어 신변에 대해 거짓말을 한 걸 수도 있잖는가. 백보 양보해서 피해자 역시 동성애자였고 사우나에 온 목적이 부킹이었다 하더라도 피고인으로부터 원치 않는 성 접촉을 강요받았다면 그건 성범죄였다. 상대의 동의가 있다 생각한 것은 피고인만의 착각일 수 있었다.

나는 이성애자이고 피고인이 느낄 고통에 대해서는 철저한 부외자였다. '아웃팅'은 (주로 동성애자의) 성 정체성이 타인에 의해 강제로 폭로되는 것을 일컫는다. 그 결과 당사자는 직장, 사회생활에서 배척당할 위기에 놓일 수 있다. 내가 알고 있는 건 딱 그 정도였다. 아웃팅이 당사자에게 주는 고통이 어느 정도인지, 나로서는 도저히 가늠조차 할 수 없었다. 궁극적인 해결책은 성 정체성을 노출하는 것 자체가 아무렇지도 않은 사회를 만드는 것이겠지만 지금은 멀고 큰 정의가 아니라 시급하고 작은 정의가 갈급한 상황이었다. 피고인이 억울한 누명을 감수하고라도 피하려 했던 그 고통을 무시하는 것은 과연 옳은 일일까? 변호사가 존재하는 근본 이유인 인권 수호에 반하는 것이 아닐까. 피고인은 이미 합의를 했으니 유죄판결이 나온다 해도 집행유예형 정도에 그칠 터였다. 억울한 전과가 생기긴 하겠지만, 피고인이 교도소에 가게 될 가능성은 없었다. 이 정도 선에서 끝내는 것이 정답 아닐까.

그러나 이 문제는 내 문제이기도 했다. 이런 식의 타협에 익숙해지다가는 필경 이런저런 핑계를 대며 사건을 대충 처리하는 변호사가 될 것이 분명했다. 정의고 인권이고 떠나 이건 내 생계 수단에 대한 예의가 아니다. 피해자를 증인으로 부르는 대신 다른 방법을 찾아보겠다고 말했다. 피해자를 증인으로 부르지 않으면 재판은 하루 만에 끝난다. 떠오르는 방법은 없었지만 그래도 이대로 물러서고 싶지는 않았다.

'상대는 꽃뱀이다', '상대가 몇 번이나 성범죄로 고소를 했는지 알아봐달라'. 성폭력 피고인들이 꽤나 자주 하는 주장이다. 이 사건에서도 피해자가 몇 번이나 이런 고소를 했는지 알아본다면 의혹의 상당 부분은 해소할 수 있을 터였다. 하지만 쉽지 않고 실익도 없으며 바람직하지도 않다. 형사 절차의 관심은 피고인에게 죄가 있는지 형벌은 얼마나 부과해야 하는지에 집중되어 있다. 피해자가 어떤 사람인지 고소를 얼마나 했는지에 관한 자료는 재판에 제출되지 않는다. 상식적으로 생각해도 이게 맞다. 원해서 범죄 피해를 당한 것도 아닌데 자신의 신상에 관한 자료가 낱낱이 제출된다면 어느 피해자가 납득하겠는가. 게다가 경찰, 검찰은 KICS라는 범죄정보시스템을 운영하고 있는데 이를 통해 고소 이력을 조회할 수 있다. 만약 피해자가 여러 번 고소를 한 것이라면 수사 단계에서 조사가 이루어졌을 것이다. 이렇게 형사법정까지 올 정도면 수사 단계에서 이 부분에 대한 문제가 없었던 것으로 봐야 했다. 이런 상황에서 피해자를 꽃뱀으로 몰다가는 반성의 기미가 없다는 이유로 형이 가중될 수도 있다.

피해자가 처음 고소하는 게 아닐 것이란 확신은 있었다. 합의 과정이 너무 능수능란했기 때문이다. 피고인이 조사를 기다리며 경찰서 대기 의자에 앉아 있을 때 피해자가 먼저 다가와서 합의를 제안했다. 피고인이 자신의 지갑을 살펴보자 피해자는 손가락으로 피고인의 지갑을 당겨 보더니 이거 말고 계좌에는 돈이 없냐고 물었다. 피고인이 지갑에 있는 돈이 가진 돈의 전부라 하자, 피해자는 지갑에 있는 돈을 모두 가져가는 조건으로 합의를 했다. 창졸간에 성추행을 당한 사람이 보인 행동치고는 이상하지 않은가. 사건의 특성상 신고까지 가지 않고 덮은 건이 분명 있을 듯 했다. 하지만 이를 어디서 찾는단 말인가.

고민을 하다 시민 단체에서 일하는 친구에게 자초지종을 설명하고 도움을 청했다. 몇 해 전 커밍아웃을 한 친구였다. 주변에서 이런 사례가 없었는지 알아봐달라 하자, 친구는 동성애자들이 모이는 인터넷 커뮤니티를 뒤지기 시작했다. 우리는 사우나에서 비슷한 일을 당했다는 경험담을 쓴 사람들에게 일일이 쪽지를 보내 당시 상황, 상대방의 인상착의를 물었다. 피해자의 행각이 여러 번이었다면 동일한 사례에 말려든 사람을 찾아낼 수 있을 것이다. 하지만 재판 당일까지 아무런 연락이 없었다.

초조한 마음에 혹시라도 단서를 찾을까 싶어 문제의 사우나에 가보기까지 했다. 주소를 알고 갔는데도 찾는 데 한참 시간이 걸렸다. 눈에 띄는 간판이 없었기 때문이었다. 피해자는 도대체 어떻게 알고 여기로 찾아들었을까. 의심이 깊어졌다. 하지만 이는 피해자 역시 동성애자라는 걸 입증할 증거는 될 수 있어도 피해자가 '꽃뱀'이라는 걸 입증하기에는 한참 부족했다.

선고일을 며칠 앞둔 어느 날, 나는 전화 한 통을 받았다. 휴대폰에는 처음 보는 전화번호가 적혀 있었다. 받아 보니 생면부지의 남자가 자신을 검찰 수사관이라 소개했다. 보이스 피싱인가 싶었는데 그가 대뜸 내 이름을 묻더니 "000을 아느냐"고 물었다. 피해자의 이름을 모르는 터라 우물쭈물하자 그는 피해자가 다른 지역에서 같은 방식으로 돈을 뜯어내려다 붙잡혔고 피고인 건에 대해서도 자백을 했다고 말했다. 실로 기적같은 일이었다. 전화 속 목소리는 피해자에 대해 수사를 개시할 예정이라 했다. 전화를 끊자마자 재판부에 전화해 이 사실을 알렸다. 곧 사실 확인서를 받아 제출할 테니 선고를 늦춰달라 요청했다.

그런데 이게 도대체 뭐 하자는 건가. 선고 당일 법정 일정
표를 보니 피고인에 대한 판결 선고가 원래대로 진행된다 적혀
있었다. 천신만고 끝에 진실이 밝혀졌고 법원도 이를 비공식
적으로나마 알고 있는 상황 아닌가. 결정적인 증거가 제출되지
않았는데 선고를 강행하는 이유를 알 수 없었다. 참담한 마음
으로 판결 선고 내용을 듣는 순간 아차 싶었다.

"아동·청소년이란 19세 미만의 자를 말한다. 다만, 19세에
도달하는 연도의 1월 1일을 맞이한 자는 제외한다." 아동 청소
년 성 보호에 관한 법률의 내용이다. 피해자는 만 18세였지만
그해에 만 19세 생일을 맞이하게 될 예정이었다. 법적으로 성인
이었다. 당시만 해도 성인 간의 단순 강간, 강제 추행은 친고죄
였다. 피해자가 피고인과 합의를 하고 고소를 취하한 이상 유
무죄를 따질 필요 없이 사건은 끝난다.

이런 간단한 방법을 두고 나는 왜 엉뚱한 해법을 찾아다닌
것일까. 나에게는 피해자에 대한 정보가 하나도 없었기 때문이
다. 성범죄 피해자에 대해서는 이런저런 보호 장치가 있다. 원
할 경우 국선변호사가 조사에 동석해주기도 하고, 법정에서 방
청객이 없는 상태에서 증언을 하게 해준다거나 비디오 녹화를
통해 법정이 아닌 곳에서 증언을 하게 해주기도 한다. 프라이
버시를 지켜주기 위해 수사 서류상에서조차 피해자의 이름, 전

화번호, 주민번호 등 인적사항을 모두 지운다. 피고인 측 변호인은 피해자의 이름조차 알 수 없다.

성범죄 피해자 보호 제도가 도입되기 전 피해자들은 사생활 보호가 전혀 안 되는 상황에서 조사를 받았고, 가해자와 대질신문 과정에서 위협을 느끼기도 했다. 때로는 합의를 요구하는 가해자 가족들의 갑작스러운 방문을 감당해야만 했다. 성범죄 피해를 당한 것도 모자라 이중, 삼중의 피해에 고스란히 노출됐던 것이다.

─── 같은 벌을 받아도 그 무게가 다를 때

형사 절차의 인권 문제는 지난날에 비해 많은 진전이 있지만 만족하기에는 이른 듯하다. 이제는 형사 절차의 이성애자 중심성에 대해 고민해봐야 하는 것이 아닐까. 무죄추정의 원칙에도 불구하고 성범죄 피고인들은 원치 않는 사생활 노출을 감당해야 한다. 나중에 무죄로 확정된다 하더라도 이미 노출된 사생활은 주워 담을 수가 없다. 사생활 노출이 주는 고통이 유죄판결보다 더 큰 경우도 많다.

특히 동성애자들이 그렇다. 성범죄자 신상 공개 제도 역시 동성애자에 대한 2차 형벌이 될 수 있다. 동종 전과가 많거나 정도가 심한 성범죄의 경우 해당 범죄자의 신상과 범죄 내용을 인터넷에 공개한다. 그리고 대상자가 사는 집 인근에 미성년자가 살고 있을 경우 우편물로 해당 가정에 같은 내용을 통보한다.

문제는 바로 범죄 내용이다. '대상자는 2011년 10월 16일 03:45경 서울 00구 00동에 있는 사우나 수면실에서 피해자(남, 29세)를 추행하였으며…' 친절하게 피해자의 성별을 밝혀서 대상자의 동성애 사실을 알려준다. 이성애자 성범죄자들이 받는 신상 정보 공개라는 불이익에 더해 성적 정체성까지 공개되는 셈이다. 같은 죄를 지었는데 받는 벌의 무게가 다르다면 이에 대한 재조정은 필수적이다.

보편적 다수의 공익과 사회 정의 실현이 법의 이상이라지만, 소수자에게 최소한의 인권을 보장해주는 것 역시 법의 역할이다. 동성 상대 성범죄자들의 우스꽝스러운 변명에 대해 냉소와 손가락질을 하기 앞서 그 변명 뒤에 숨은 고통에 귀를 기울여야 할 것이다.

그 사회보호법은
아직 사라지지 않았다

——————치료감호라는 '좋은' 제도의 속사정

감옥에 가본 적은 없지만 피고인들의 마음은 어느 정
도 이해한다. '좋은 기수가 되기 위해 말이 되어볼 것
까진 없다'란 말도 있잖는가. 유죄보다는 무죄를 받고
싶고, 기왕 유죄라면 실형보다 집행유예가, 집행유예보
다는 벌금형이 낫다.

　　돈이 없으니 벌금형 말고 집행유예형을 받게 해달

라는 피고인들이 간혹 있긴 하다. 자진해서 강한 형을 청하는 것인데 법원에서 이런 부탁을 들어줄까? 대체로 들어주는 편이긴 하다. 형량은 어디까지나 판사의 전권이기 때문이다. 법정형 범위 안에 있고 기존 형량에서 크게 벗어나지 않는 이상 그 정도는 충분히 가능하다. 하지만 피고인이 상담 중 이런 얘기를 꺼내면 다시 한번 생각해보기를 권하곤 한다.

눈에 보이는 지출이 없으니 집행유예가 벌금보다 싸게 느껴지지만 따져보면 그렇지만도 않다. 집행유예에는 사회봉사, 보호관찰, 수강명령을 병과할 수 있는데, 세 가지 전부 부과되는 경우도 많고 적어도 한 가지 정도는 함께 부과된다. 사회봉사를 예로 들면 120시간, 160시간, 200시간 정도가 제일 빈번하다. 하루 8시간씩 이행한다 쳐도 보름 이상이 걸리는데 일당으로 계산하면 결코 작은 돈은 아니다. 그러나 문제는 이것뿐이 아니다.

당장 떠오르는 것은 공무원 결격 사유다. 현행법상 집행유예 이상 전과자는 공무원이 될 수 없다. 벌금형이 가능한 젊은 피고인들의 집행유예형 요청을 만류하는 이유다. 인생 어떻게 될지 모른다. 뒤늦게 공무원 시험 응시를 마음먹었다가 집행유예 전과에 발목을 잡힐 수 있다. 나이 많은 피고인이라고 다르지 않다. 취업할 때 전과 기록을 제출해야 하는 경우가 있기 때문이다. 형 실효에 관한 법률에 의하면 집행유예 전과는 5년

이 지나야 전과 조회 결과에서 사라지지만, 벌금 전과는 2년만 지나면 사라진다. 물론 둘 다 아예 사라지는 건 아니고 취업이나 기타 목적으로 조회할 때에만 보이지 않는 것이긴 하지만 그 차이는 분명 크다. 나도 변호사지만 우리나라 법 전체를 다 알지는 못한다. 집행유예 전과가 어디서 어떤 불이익을 가져올지 도저히 예상할 수가 없다.

각 나라 이민법으로 범위를 넓히면 더 막막해진다. 이민을 가려고 하는 나라의 이민법에 집행유예 전과가 걸림돌이 될 수 있다. 또한 미래에 집행유예 전과를 결격사유로 하는 법이 만들어지지 않으리란 보장도 없다. 결국 원칙과 순리에 따르는 것이 가장 이익이 되는 길이다. 내가 이런 교장 선생님 훈화 말씀을 하게 될 줄은 몰랐지만 위의 사실을 전부 설명해주고 나면 대부분의 피고인이 순리대로 벌금형을 받겠다고 한다.

문제는 무엇이 순리인지, 무엇이 피고인에게 이익이 되는 길인지 나조차 분명하지 않을 때다. 바로 치료감호가 그렇다.

하루는 20대 초반의 여성이 피고인으로 왔다. 지나가는 생면부지의 피해자를 이유 없이 대걸레 봉으로 때려 눈가에 상처를 입힌 혐의였다. 폭력으로 인한 벌금 전과가 몇 개 있길래 이상하다 여겼다. 젊은 여성이 그것도 폭력 전과만 여러 개인 경우는 흔치 않다. 피고인의 정신병력을 듣고서야 전후 사정을 납득할 수 있었다. 이 사건도 환청을 듣고 벌인 일이었다.

이런 사람에겐 처벌보다는 치료가 우선 아니겠는가. 국회의원들도 그렇게 생각했는지 '치료감호법'이라는 것을 만들어 두었다. 치료할 필요가 있는 피고인을 감옥에 가두는 대신 국가가 건립한 치료감호소에서 치료를 받게 하는 이 법은 심신상실이나 심신미약 상태에서 범행을 한 사람, 마약이나 알코올 중독자 등을 대상자로 하고 있다.

피고인은 어머니와 함께 상담을 받으러 왔다. 여드름이 채 가시지 않은 피고인은 수줍은 듯 앉아 있고 쉰이 넘어 보이는 어머니가 나서서 이야기를 했다. 검찰 측에서 피고인에 대해 치료감호를 청구했다고 말하자, 어머니는 "나라가 공짜로 치료를 해주겠다니 이런 좋은 제도가 어디 있냐. 우리 딸 꼭 좀 보내달라"며 기뻐했다.

표면상으로 치료감호는 정말 좋은 제도다. 국가에서 정신질환을 무료로 치료해주고, 게다가 그 치료 기간은 형기에 산입된다. 냉난방도 제대로 안 되는 감옥 대신 병원에서 형기를 마칠 수 있으니 얼마나 좋은가? 하지만 이상하게도 치료감호를 청구받은 피고인들 중 상당수가 치료감호소 가기를 꺼린다. 가족들까지 몰려와서 "우리가 책임지고 치료할 테니 치료감호만은 막아달라"고 읍소하기도 한다. 치료감호소에 이미 다녀온 경험이 있는 피고인들의 경우는 더욱 심하다. 차라리 감옥으로 가고 싶다고 호소하는 사람까지 있을 지경이다. 이유가 궁금했다. 피고인들에게 물어봤지만 제대로 대답해주는 사람이 없었다.

변호인이 나서서 제발 피고인을 감옥으로 보내달라고 호소해야 하는 상황이었다. 피고인이 정신질환 증세가 발현되지 않은 상태에서 진지하게 한 요청을 거부할 수만은 없었다. 이유를 알고 싶어 여러 경로를 통해 공주에 있는 치료감호소에 일주일 정도 있게 해달라 사정하기도 했지만 당연히 거부당했다. 하긴 세금으로 내 궁금증을 해소해달라 할 수는 없는 노릇이다. 치료감호소의 실태를 언론 보도나 논문 등을 통해 간접적으로 조사할 수밖에 없었다.

텅빈 병동들을 지나자 간이침대로 꽉 찬 501호 병동이 나왔다. 치료감호소 이경희 간호과장은 의아해하는 기자에게 "50명이 적정 인원인데 이곳에는 82명이 수용돼 있다"고 했다. 65평($216m^2$) 남짓 되는 이 남성 병동은 감시를 위해 높이를 낮춘 콘크리트 벽으로 구획이 나뉘어 있었다. 벽 옆에는 82개의 낡은 철제 침대들이 20센티미터 간격으로 다닥다닥 붙어 있었다. 침대는 복도와 휴게실 문 앞까지 점령해 '야전병원'을 연상케 했다. 불을 꺼놓아 어두운 병동에서 수감자들은 발을 쭉 뻗기도 힘들 만큼 작은 침대 위에 움츠리고 누워 있었다. 공간이 없어 매트리스만 놓고 생활하는 이들도 있었다. 이 '텅 빈 병동'과 '꽉 찬 병동'이라는 극과 극 상황은 인력 부족 때문에 빚어졌다. 이 과장은 "병동을 관리·감독할 인원이 부족해 다른 병동을 비우고 한곳에 최대한 많은 수용자들을 몰아넣은 것"이라고 말했다.

○ 《국민일보》 2013년 9월 11일자 기사

국내 유일의 치료감호소인 공주의 국립법무병원. 철문을 지나면 침대가 빼곡히 들어찬 병실이 나옵니다. 사람이 다니는 복도에도, 휴게실에도 침대가 놓여 있습니다. 이 방의 환자는 81명. 불과 7명의 간호사가 3교대로 돌보다 보니 아찔한 순간이 잇따릅니다. 김혜경(간호사) 인터뷰: "과밀 문제로 병동에서 생활을 하다 보면 자주 부딪치는 경우가 생겨요. (환자들 사이) 다툼이 생기는 경우도 있고." 1200명에 육박하는 환자에 비해 의사는 17명. 의사 한 명당 환자 수는 84명으로 선진국의 4배에 달합니다. 성폭력 범죄자와 약물중독자도 치료감호 대상에 포함되면서 환자가 급증했지만 의료진 충원이 따라가지 못한 겁니다. 환자들의 사회 적응을 돕는 교육 프로그램도 강사가 부족해 일부는 간호사에게 맡기고 있습니다. 결과적으로 환자들의 인권이 침해되고, 치료 효과가 없다는 지적도 나옵니다.

○ 〈KBS 9시 뉴스〉 2014년 1월 4일 방송분

——— 사회보호법의 잔재

치료감호법의 전신은 사회보호법이다. 삼청교육대에 비해 덜 알려졌지만 사회보호법은 삼청교육대와 일란성쌍둥이 같은 법이다. 1980년 7월 쿠데타로 집권한 전두환 정권은 '삼청 계획 5호'를 만들어 시행했다. 불량배를 소탕해 사회 정화를 실현하겠다는 명분을 내걸었지만 정작 당시 검거된 6만여 명 중 약 35%는 전과가 없었다. 그중에는 중학생과 여성도 포함되어 있었다. 근거법도 영장도 없이 사람들을 잡아다 군사훈련, 얼차려, 구타를 하자 그 불법성을 비판하는 여론이 일었고, 정권은 그해 12월 상습 범죄자와 정신질환 등의 문제가 있는 범죄자를 형벌과 별도로 장기 구금(보호감호)하거나 강제 입원(치료감호)시킬 수 있는 '사회보호법'을 제정했다. 그 첫 대상자는 삼청교육대를 출소한 사람들이었다. 삼청교육대를 나오자마자 법원 판결도 없이 1년에서 5년 사이의 보호감호 처분을 받게 된 것이다.

전과가 많은 사람이 다시 죄를 지었을 때도 이 법에 근거해 형벌 외에 무기한의 보호감호를 받아야만 했다. 이미 형벌을 받은 사람을 다시 장기 구금(보호감호)하는 것은 헌법상 이 중처벌금지원칙에 어긋난다는 비판이 있었지만 이에 대한 답변은 '형벌은 지난 범죄에 대한 응보인 반면 보호감호는 장래의 재범 가능성에 기반을 둔 처분이니 둘은 엄연히 성격이 다르다' 였다. 하지만 당사자 입장에서 둘은 똑같았다. 재소자와 같은 곳에 수감되어서 같은 생활을 하는데 이게 형벌이 아니라니 말이 되는가. 눈 가리고 아웅이었다.

삼청교육대는 사라졌지만 사회보호법은 꾸준히 살아남다 2005년에야 폐지되었다. 다만 치료감호 제도만은 살아남아 치료감호법이 대체 입법되었다. 처벌보다는 치료가 필요한 사람이 있는 건 사실이다. 이런 사람이 범죄를 저질렀다면 강제로라도 치료를 받도록 하는 것이 사회를 위해서나 본인을 위해서나 더 좋은 일이다. 하지만 아픈 사람을 치료시켜 사회에 복귀시키겠다 공언을 했으면 그에 맞는 준비가 있어야 했다. 실제로 치료감호법 대체 입법이 국회에서 논의되던 당시 하나뿐인 공주 치료감호소 대신 전국에 지정 치료 보호시설을 두는 문제가 함께 논의됐었다.

정신질환은 만성질환이다. 격리보다는 꾸준히 약을 먹으며 관리를 해주는 것이 관건이다. 독일이나 일본에는 치료감호소에 장기 격리하는 대신 법원이 명하는 통원치료를 받도록 하는 제도가 있다. 일본에선 낮 시간 동안 돌봐주는 데이케어 센

터도 운영하고 있다. 하지만 우리나라는 사회보호법을 폐지하고 치료감호법만 만들어놓은 채 후속 대책이 없다. 부곡에 정원 50명짜리 병원이 하나 더 생겼을 뿐이다.

위 기사에서 지적하지는 않았지만 장기 구금 문제도 지적하지 않을 수 없다. 통계를 보면 3년 이상 치료감호소에 갇혀 있는 사람이 치료감호 인원의 절반에 육박한다. 심지어는 5년, 10년 이상 치료감호소에서 나오지 못하고 있는 사람도 상당수다. 언제 풀려날지 기약도 없다. 6개월에 한 번 심사위원회가 열리는데, 그때 완치 판정을 받아야만 치료감호소에서 나올 수 있다.

—— 그런데 왜 치료감호소에 가려고 할까

치료감호소가 꺼려지는 또 다른 이유가 있다. '정신질환과 범죄는 별 연관이 없다'는 반론 때문만은 아니다. 피고인 입장에서 치료감호소보다는 집행유예형을 받고 가족의 품에서 통원 치료를 받는 편이 낫다. 이 사건도 충분히 집행유예가 가능했다. 피고인의 사정을 전해 들은 피해자도 피고인에 대한 처벌을 원하지 않았고, 피고인의 이전 전과는 모두 벌금 전과여서 바로 실형으로 넘어갈 가능성은 적었다. 보통의 경우라면 본인과 가족이 적극적으로 집행유예형을 원했을 것이다. 하지만 이 사건에서, 피고인의 어머니는 되려 치료감호를 적극적으로 요청했다. 왜 엄마는 자기 딸을 병원에 가두지 못해서 안달인 걸까. 여기에 숨어 있는 논점이 있다.

기초생활수급자나 차상위계층은 금전 부담 없이 사설 정신병원에 입원하거나 통원치료를 받을 수 있다. 국가로부터 의료비 지원을 받기 때문이다. 그러나 피고인은 이런 혜택을 받을 수 없었다. 피고인의 어머니가 집을 소유하고 있고 수입이 있어 기초생활수급자나 차상위계층으로 지정받을 수가 없었기 때문이다. 피고인은 어머니와 단둘이 살고 있었다. 어머니가 대형할인마트 계산원으로 일해 번 돈으로 생계를 잇고 있었는데, 일을 나가 있는 동안 정신이 불안정한 피고인을 대신 돌봐줄 사람이 없었다. 어머니의 수입으로는 딸을 정신병원에 장기 입원시킬 수도 없는 처지라 어머니는 딸이 치료감호소에라도 가 있길 바랐던 것이다.

치료감호 청구 사건을 변호해보면, 결국 치료감호소로 향하는 사람은 의지할 곳 없는 사람들이었다. 치료감호법 대상은 '재범의 위험성'이 있는 사람 중 '치료의 필요성'이 있는 사람이다. 판례상 그 판단 기준은 이렇다. "치료감호의 요건(중략) 당해 범행의 내용과 ① 판결 선고 당시의 피감호청구인의 심신장애의 정도, 심신장애의 원인이 될 질환의 성격과 치료의 난이도, ② 향후 치료를 계속 받을 수 있는 환경의 구비 여부(중략)

등 제반 사정을 종합적으로 평가하여 객관적으로 판단하여야 한다." 재판 단계에서 1번은 큰 의미가 없다. 검찰이 증상이 심한 사람만을 골라 치료감호를 신청하기 때문이다. 결국 유일한 변수는 '치료받을 수 있는 환경의 유무'다. 보통 가족들이 탄원서를 제출해서 피고인을 치료하겠다 약속하면 '치료받을 수 있는 환경이 갖춰져 있고', '재범 예방 의지가 있다'고 인정된다. 가족도 치료받을 돈도 없는 사람은 이를 입증할 길이 없다.

2015년 기준으로 범죄자 중 정신장애가 인정된 사람이 6,980명이었다.(이하 경찰범죄통계) 그런데 이 중 경제적으로 하류로 분류된 사람이 5,541명으로 무려 79.4%를 차지했다. 중류는 1,377명으로 19.7%, 상류가 53명으로 0.8%였다(나머지는 불명). 같은 기간 전체 범죄자 중 하류층이 44%였던 것과 비교해 볼 때 정신질환 범죄자 중 빈곤층이 차지하는 비율이 압도적으로 높았다.

치료감호 건수는 2003년을 기준으로 급증하기 시작했다. 보통 그 이전에 전과가 한두 번은 있어야 치료감호가 청구되니 아마도 그로부터 몇 년 전쯤 치료감호 증가의 신호탄이 쏘아올려졌다 봐야할 것이다. 치료감호가 증가한 이유에 대한 연구는 아직 이루어지지 않았지만, 나는 IMF구제금융 사태에 혐의를 두고 있다. 가정이 해체되고, 고용 안정이 붕괴되고, 빈부 격차가 심해진 와중에 병을 얻은 사람이 많았거나 혹은 이전까지 가족에 의해 보호되던 정신질환자들이 거리로 쏟아져 나온 것이 아닐까 싶다.

일단 피고인과 어머니를 집으로 돌려보내고, 구청 사회복지사를 찾아갔지만 방법이 없었다. 집과 소득이 있어 기초생활수급자나 차상위계층 지정이 불가능했다. 피고인을 독립 세대로 분리해 장애등급을 받으면 지원을 받을 수 없냐 물어봤지만 부양의무자인 어머니에게 소득이 인정되는 이상 불가능하다는 답이 돌아왔다.

결국 피고인은 치료감호소로 향했다. 치료감호를 기각해달라는 변호는 하지 못했다.

이 사건이 유독 마음에 남는 건 사건이 종결된 뒤에도 피고인의 어머니와 일주일에 서너 번씩 마주치기 때문이다. 집 근처 대형마트에 장을 보러 갔다가 피고인의 어머니가 계산원으로 일하고 있는 걸 발견했다. 나는 그녀에게 인사를 건네지 못했다.

과 학 수 사 는
언 제 나
과 학 적 이 라 는
착 각

───── FBI의 지문 감식 오류

2004년 3월 11일 마드리드 중심부에 있는 아토차 역에서 폭탄 테러가 발생했다. 이어 인근 역들에서도 폭발이 일어나 이날 총 2천여 명의 사상자가 발생했다. 3일 후 한 방송국에 도착한 비디오테이프에는 알카에다 유럽지부 대변인임을 자처하는 남성이 '이번 테러는 스페인이 미국의 대 이라크·아프가니스탄 전쟁에

협조한 것에 대한 대가'라 주장하는 장면이 담겨 있었다.

　스페인 당국은 불발탄에서 발견한 지문을 전 세계 수사기관에 보냈다. 지문의 주인을 최초로 찾아낸 건 대서양 건너 미국의 FBI였다. FBI는 해당 지문이 자국의 변호사 브랜든 메이필드의 것임을 밝혀내고 그를 전격 체포했다. 그는 "미국 밖으로 나간 적도 없고, 스페인은 더더욱 가본 적도 없다"고 주장했지만, 감금된 채 2주 간 강도 높은 조사를 받아야 했다. 메이필드는 이집트 이민자와 결혼한 무슬림이었다. 그런데 그가 완강한 부인을 하고 있는 사이 스페인에서 진범이 체포되었다. 스페인 경찰 역시 동일한 지문으로 추적한 끝에 해당 지문이 한 알제리인의 것임을 밝혀낸 것이다. 브랜든 메이필드는 석방되었고 소송 끝에 미 정부로부터 200만 달러의 배상 판결을 받아냈다.

　지문은 사람마다 다르다고 한다. 태아의 피부가 형성되는 과정에서 무작위로 발생하는 것이 지문인 지라 설사 쌍둥이라 해도 서로 같을 수가 없다는 것이다. 수많은 정부와 기업에서 개인 인증 수단으로 지문을 사용하는 이유가 이 때문이다. 세계 최고의 수사력을 가진 FBI가 출입국 기록조차 없는 자국의 변호사를 테러 사건의 용의자로 지목할 정도로 지문의 신뢰도는 의심받은 적이 없다. 그렇기에 마드리드 사건은 FBI의 망신 담으로 끝나고 말 문제가 아니었다. 그간 지문 때문에 유죄판결을 받은 전 세계의 사건들을 전면 재검토하고, 나아가 지문을 계속 신뢰해도 될지 의심해봐야 하는 상황이 벌어진 것이다. 미 국무부는 진상 규명에 나섰고 2006년 위 사건을 전면 재검토하기에 이르렀다.

FBI는 지문의 주인이 브랜든 메이필드라 결론 내린 뒤 이를 스페인 경찰에 통보했다. 하지만 스페인 측이 다시 대조해보니 현장 지문과 메이필드의 지문이 일치하지 않았다. 과학적 증거라면 누가 언제 봐도 동일한 결과가 나와야 하는 것 아닌가. FBI가 봤을 때는 동일했던 지문이 스페인 경찰이 보기에 달랐다면, 지문의 증거능력을 의심해야 한다는 얘기다.

왜 이런 일이 벌어졌는지는 어떤 과정을 통해 지문 수사가 이뤄지는지를 살펴보면 실마리를 찾을 수 있다. FBI는 현장 지문을, 보유하고 있던 지문 데이터베이스와 컴퓨터 프로그램(IAFIS)으로 대조했다. 프로그램은 현장 지문과 유사한 지문을 가진 20명을 추려냈다. 이 중에서 어떻게 메이필드가 범인으로 지목된 걸까? 지문 전문가가 20명의 지문을 일일이 대조한 끝에 그중 메이필드가 현장 지문의 주인이라고 결론내린 것이다. 현장 지문이 메이필드의 지문과 일치한다고 판정한 건 결국 사람이었던 것이다(우리나라에서도 이와 같은 방법을 통해 지문 대조가 이루어진다).

사람의 눈과 판단이 관여된 이상 오류는 피할 수 없었다.

현장 지문과 메이필드의 지문이 열 군데에서 일치한다는 것을 밝혀낸 뒤 FBI 조사관은 몇 가지 공통점을 더 '발견'했다. 하지만 이는 오류였다. 조사관은 메이필드의 지문을 가져다놓고 역으로 현장 지문에서 이와 닮은 점이 없는지 찾기 시작했고, 닮지 않았음에도 닮았다고 판정하기에 이른 것이다. 두 지문이 일치한다는 가설을 세웠다면 그 다음 해야 할 일은 가설이 틀렸을 가능성이 없는지 검토하는 것이다. 그러나 조사관은 반대로 자신의 가설을 강화해줄 증거를 찾았고 결국 닮지 않은 것을 닮았다 하는 지경에 이르렀다.

사실 현장 지문 왼쪽 윗부분은 메이필드의 지문과 전혀 일치하지 않았다. 하지만 FBI 조사관은 메이필드 지문 위에 다른 사람의 지문이 찍혔거나 아니면 메이필드의 다른 손가락이 찍혔기 때문이라 설명하고 이를 무시했다. 이런 설명을 뒷받침할 증거는 아무것도 없었다. 선이 연속적이었고 눌린 힘이 지문 전체에 걸쳐 동일해서 도리어 지문이 단 한 번만 찍힌 것이라 봐야 할 상황이었음에도 이런 설명을 한 것이었다.

지문 분석에 대한 근본적인 검토가 필요하지 않을까. 미국에서는 5년 이상의 지문 분석 경험을 가지고 있는 전문가들에게 지문 분석을 의뢰하면서 실험을 한 적이 있다. '용의자에게 알리바이가 있다. 즉, 무죄가 유력하다'는 정보를 제공하거나 반대로 '자백을 했다. 즉, 유죄가 유력하다'는 정보를 제공

한 경우 6명의 분석관 중 3명의 분석관의 분석 결과가 정보에 따라 달라졌다. 이들에게 과거에 이미 분석이 이루어졌던 8개의 지문들을 다시 분석하도록 한 결과 지문 재분석의 정확도는 33%에서 80%까지 다양했다. 지문 분석 전문가의 숙련도 테스트가 실시되기도 했다. 범죄 현장에서 확보된 7개의 지문과 4매의 십지 지문카드(즉 40개의 손가락에서 찍힌 지문)를 주고 범죄 현장에서 확보된 지문 중 몇 개가 4매의 십지 지문카드와 일치하는지 묻는 방식이었다. 7개 중 5개가 십지 지문카드의 지문과 동일한 지문이었는데, 156명 중 44%인 68명만이 정답을 맞췄다. 동일한 테스트가 매년 계속 진행되었고 정답율이 점점 높아지긴 했으나 90% 선에서 멈추고 말았다. 다시 말해 10% 가량은 오판 가능성이 있다는 얘기다.

CSI 효과^{CSI effect}라는 것이 있다. 과학수사를 통해 범인을 찾아내는 범죄 드라마가 인기를 끌면서, 이와 같은 드라마가 사람들에게 미치는 영향을 일컫는 말이다. 법과학적 증거가 모든 범죄를 해결할 것이라는 믿음, 법과학 증거가 아닌 다른 증거들(자백, 목격자 증언)에 대한 경시, 법과학 전문가들의 실수나 증거 조작 가능성에 대한 외면, 과학적으로 아직 검증되지 않은 증거에 대한 맹신이 이 효과에 의한 것으로 지목되고 있다.

뭉뚱그려 과학적 증거라 부르고 있지만 구체적으로 살펴보면 과학적 증거의 신뢰도는 천차만별이다. 과학적 증거는 분석 방법에 따라 두 가지로 구분할 수 있는데 실험을 통해 결과를 해석하는 증거는 DNA 분석, 마약 성분 분석 정도다. 그 외의 증거들—지문 비교, 필적 감정, 치흔 비교 등—은 전문가의 육안을 통한 해석이다. DNA 검사와 같이 실험을 통해 분석이 이루어지는 방법은 과학에 근거하여 발전해왔지만, 그 밖의 방법들은 기초 연구조차 이루어지지 않았거나 부족한 상황이다. DNA 증거를 제외한 다른 과학적 증거를 형사소송에서 허용해서는 안 된다는 주장까지 있는 판국이다.

──── 강기훈 유서 대필 조작 사건: 필적 감정을 믿을 수 있을까

과학적 증거의 취약성을 가장 극명하게 보여주는 사례는 91년 '강기훈 유서 대필 사건'이 아닐까 싶다. 강기훈 유서 대필 사건을 이해하기 위해서는 '분신정국'으로 불렸던 1991년의 상황에 대해 이해할 필요가 있다. 1988년 취임한 군부 출신의 노태우 대통령은 1990년 여당인 민주정의당과 야당인 통일민주당, 신민주공화당과의 3당 합당을 성사시켜 의석수 214석의 초대형 여당 민주자유당을 출범시킨다. 정국을 장악했다고 판단한 것일까. 이후 노태우 정권은 초강경 공안정국을 조성한다. 노동운동 통일운동 민주화운동에 대한 강력한 탄압의 결과, 1990년 11월에는 구속된 양심수가 1259명에 달했다. 이에 대

한 반작용으로 전국에서는 돌과 화염병을 사용한 80년대식 시위가 빈발하였다. 노태우 정권은 강경 진압으로 맞섰고 이런 가운데 1991년 4월 26일 명지대 학생이었던 강경대가 경찰 백골단에게 집단 구타당해 사망하는 사건이 발생했다. 그로부터 사흘 뒤인 1991년 4월 29일 전남대 학생 박승희가 분신자살하였고, 5월 1일에는 안동대 학생 김영균이, 5월 3일에는 경원대 학생 천세용이, 5월 8일에는 전국민족민주연합(약칭 전민련) 사회부장 김기설이 노태우 정권에 항의하며 분신자살했다.

노태우 정권의 위기감은 상당했을 것이다. 고등학생 김주열이 최루탄에 맞아 사망한 것이 4·19로, 서울대학생 박종철이 경찰의 물고문으로 사망한 것이 6월 항쟁으로 이어지지 않았던가. 검찰은 돌연 전민련 총무부장인 강기훈이 김기설의 자살을 적극 독려했다 주장하며 그를 자살방조죄로 기소했다. 고교중퇴자인 김기설 대신 지식과 문장력이 풍부한 강기훈이 대신 유서를 써주었다는 혐의였다. 강기훈은 결백을 호소했지만 1심, 2심, 대법원은 모두 유죄를 선고했다. 불행은 3년 2개월을 감옥에서 보내야 했던 강기훈 개인의 것만은 아니었다. 언론은 때맞춰 '정권 전복을 위해서는 부도덕한 수단도 마다하지 않는다'며 노태우 정권에 반대하는 사람들에게 맹공을 퍼부었고, 이 틈을 타 정권은 더욱 강력한 탄압을 펼쳤다.

이제는 '강기훈 유서 대필 조작 사건'으로 불리는 이 사건의 진실은 24년 후에야 밝혀졌다. 2015년 기존의 유죄판결에 대한 재심에서 대법원은 기존 판결을 무효화하고 강기훈의 무죄를 선고했다. 유죄판결의 유일한 근거였던 국립과학수사연구소 전문가 김 모 씨의 필적 감정을 신뢰할 수 없다는 이유였다. 당시 김 씨는 "유서의 필적이 강기훈의 필적과 동일하다"고 감정했다. 하지만 16년 후인 2007년 진실·화해를위한 과거사 정리위원회에서 그는 "유서의 필적은 강기훈의 필적과 다른 점이 많았다"고 진술을 뒤집었다. 재심 과정에서 법원이 일곱 군데의 사설 감정기관과 국립과학수사연구원에 재감정을 의뢰한 결과, 모두 두 필적이 불일치한다는 결과를 제시했다.

1991년 재판 당시에도 필적 감정서의 신뢰성에 대한 문제 제기는 강력했다. 감정인 김 씨가 필적 감정과 관련한 비행에 수차례 거론되었기 때문이다. 심지어 그는 강기훈에 대한 재판이 진행되는 중에도 대규모 토지 사기에 연루됐었다. 토지기록부의 명의를 위조하여 토지를 사취하려던 사기단으로부터 돈을 받고 토지명부가 위조되지 않았다고 감정해준 혐의였다. 김씨는 1980년대에도, 이 사건 이후인 1998년에도 의심스러운 일에 연루되었다.

필적 감정서의 진위를 의심할 만한 정황이 여러 차례 있었지만 정작 김 씨는 한번도 허위감정죄로 처벌받은 사실이 없다. 앞서 토지 사기 사건에서도 사기단으로부터 돈을 받은 혐의에 대해서 뇌물수수죄로 처벌받았을 뿐 허위로 필적 감정을 한 것에 대해서는 처벌받지 않았다. 김 씨의 필적 감정이 틀렸다는 것을 입증할 객관적인 기준이 존재하지 않기 때문이다. 2015년 현재도 그는 (비록 다른 사람의 이름을 빌렸지만) 여전히 필적 감정인으로 활동 중이다.

과학적 증거 일반에 대한 높은 신뢰와 달리 필적 감정의 과학적 근거는 극히 취약하다. 우리나라에는 필적 감정을 연구하는 학과도, 필적 감정 자격증도, 객관적인 기준도 존재하지 않는다. 기준이 있어야 기준에 어긋난다고 선언할 수 있는데, 기준 자체가 존재하지 않으니 이 같은 사례가 벌어졌을 때 맞았다고도 틀렸다고도 할 수가 없다.

미국처럼 학과과정, 자격증 취득과정 등이 마련된다 해도 문제는 남는다. 필적 감정의 기본 전제에 해당하는 '한 사람의 필적은 세상에서 유일한 것이다', '한 사람의 필적은 항상 동일하다'에 대한 입증이 없어 신뢰성에 대해 근본적 의문이 꾸준히 제기되고 있다. 필적이 세상 유일의 것이라는 보장이 없으니 '어떤 글씨가 용의자의 필적과 같다'는 결과가 나와도 그 글씨가 반드시 용의자의 것이라 할 수 없고, 한 사람의 필적이 항상 동일하다는 점에 대한 입증이 없으니 반대로 '용의자의 필적과 다르다'는 결과가 나와도 이를 용의자의 글씨가 아니라 할 수 없는 문제가 발생한다.

필적 분석의 타당성에 대한 의문이 제기되자 미국에서는 FBI 등 국가기관의 주도로 그 신뢰도에 대한 연구가 진행된 적이 있다. 필적 검사관에게 4개의 필체를 제시하고 그중 어떤 것이 피의자의 필체인지 판단하는 검사를 실시한 결과, 17명 (52%)이 정확한 결론을 내렸고 15명(45%)이 결론에 이르지 못했다. 필적 전문가와 일반인에게 진짜 서명과 이를 흉내 낸 가짜 서명이 섞인 서류를 제시하고 어느 것이 진짜 서명인지 판단하도록 했을 때는 전문가의 경우 85%, 일반인의 경우 70%의 정확도를 보였다. 같은 연구의 연장선상에서 시행된 다른 연구의 경우 42%의 전문가가 결론에 이르지 못했고, 21%의 일반인이 결론에 이르지 못 했다. 그동안 진행된 실험 중 가장 정확도가 높은 결과(정답율은 85%)를 기준으로 해도 어림잡아 6건 중 1건 꼴로 오류 발생 가능성이 있다고 볼 수 있다. 90~95%의 신뢰도를 보인다는 거짓말탐지기가 법정에서 증거로 사용되지 못하고 있음을 감안할 때 필적 감정의 신뢰도는 심각한 수준이라 할 수 있다. 결국 미국에서조차 필적 감정은 과학적 증거가 아닌 기술적 증거로 분류되고 있다.

───── 시체 검안은 불가능에 가깝다?

DNA와 지문, 필적이 현장에 남겨진 흔적을 바탕으로 진범을 찾아내는 역할을 한다면, 시체 검안서와 부검 감정서는 사망자에 대한 관찰을 통해 사망 원인을 밝혀낸다. 사망 사건에서 이 두 문서가 항상 제출되곤 하는데 언뜻 비슷해 보이는 둘은 신뢰도 면에서 하늘과 땅 차이다.

60대 노인이 자신의 방 안에서 숨진 채 발견됐다. 얼굴에 피를 뒤집어쓴 채 숨져 있는 것을 아들이 발견하고 신고했다. 검안의가 밝혀낸 사인은 낙상으로 인한 사망이었다. 계단에서 굴러 머리에 난 상처, 계단 밑에 떨어진 피 한 방울, 망자가 평소 술을 많이 마시고 자주 넘어지곤 했다는 아들의 진술을 바탕으로 내린 결론이었다. 사고사로 종결될 뻔한 사건은 처음 현장에 출동한 119대원의 신고로 반전되었다. 부검 결과 사인은 낙상이 아니라 실혈사였다. 노인 얼굴 여기저기에서 멍이, 팔과 손에서 공격을 방어하는 과정에 발생하는 상처인 방어흔이 발견되었다. 경찰은 아들을 추궁한 끝에 아버지를 폭행해서 숨지게 했다는 자백을 받아냈다. 평소 무위도식하던 아들이 아버지가 돈을 주지 않자 격분해 벌인 일이었다.

시체 검안은 의사가 육안으로 변사자를 관찰하여 사망의 원인을 밝혀내는 것을 말한다. 발견 초기에 변사자에 대한 검안이 행해지는데 시체 검안서 없이는 시체를 매장할 수도 화장할 수도 없고, 사망 신고도 할 수 없다. 검안 결과 범죄 혐의가 있는 경우에 수사가 개시되는데 검안의가 만약 이를 놓칠 경우 사건은 영영 어둠에 묻힌다.

이토록 중요한 역할을 하는 시체 검안서의 신뢰도는 어떨까? 국내에서 진행된 한 연구 결과에 따르면, '정확한 사인을 알기 위해서는 부검이 필요하다'며 결론을 내리지 못한 시체 검안서가 73.7%(연구 대상이었던 179건 중 132건)였다. 사실 시체 검안서에는 근원적인 한계가 있다. 육안으로 사인을 밝히는 것은 제 아무리 의사라 해도 불가능에 가깝다. 시체의 뼈, 근육, 내장을 절단하여 그 내부를 관찰하는 부검과 달리 그 한계가 명백하다.

문제는 명확한 결론을 내린 검안서였다. 명확한 결론을 내렸던 나머지 47건 중 부검 결과 다른 결론에 이른 것이 40.4%인 19건이었다. 자신 있게 내린 결론 다섯 건 중 두 건이 틀린 셈이다. 이 문제는 심각하다. 검안서가 있으면 장례를 치를 수 있는데 이는 살인 사건의 가장 핵심적인 증거인 시신이 사라지는 걸 의미한다. 앞서 60대 노인의 사건도 119대원의 신고가 아니었다면 검안 결과에 근거해 사고사로 처리되고 말았을 것이다.

_____ 부검으로도 밝혀내지 못하는 사건의 정황

부검은 시체를 해부해서 사인을 밝혀내는 것이다. 방법적으로도 우월하지만, 법의학 전공자들에 의해 수행되는 터라 현행 검안에 비해 그 정확도가 훨씬 높다. 원인이 의심스러운 사망의 경우 반드시 부검이 필요한 이유다. 하지만 부검에도 역시 한계는 존재한다. A군의 사건이 가장 기억에 남는다.

19세였던 A군의 혐의는 존속상해치사였다. 집에서 목을 매달아 자살하려던 아버지를 구출한 뒤 "죽게 놔두지 왜 살려냈냐"는 아버지의 말에 격분해 무차별 폭행, 살해한 혐의였다. 피고인은 수사 초기부터 자신의 혐의를 모두 인정하고 있었다.

피고인을 변호하는 내내 마음이 아팠다. 주사가 심했던 아버지는 실직한 뒤 그 정도가 더 심해졌다. 반복된 자살 시도 역시 주사 중 하나였다. 동생마저 학교를 그만두고 이런저런 비행을 저지르고 다녔다. 가장 역할을 하는 피고인이 타일러도 보고 때로는 매를 들기도 했지만 말썽은 점점 심해졌다. 사건 전날에는 아버지의 주사를 견디다 못한 어머니마저 가출해버렸다.

반지하 방에 살면서도 피고인은 꿈을 잃지 않았다. 집에 부담을 주지 않기 위해 학비가 면제되는 실업계 고등학교에 진학한 그는 부지런히 자격증을 취득했다. 주차장 안내 요원, 뷔페 음식물 쓰레기 수거 같은 아르바이트를 하며 생계비를 보태기도 했다. 피고인은 우수한 성적 덕분에 졸업 전에 대기업에 취업이 되었지만 일을 하다 허리를 심하게 다쳐 좌절되었다. 그는 수술을 받은 뒤에도 계속 일을 해야만 했다.

아버지는 가족들이 보는 앞에서도 몇 번이나 자살을 시도했다. 피고인의 일상은 지옥이었을 것이다. 아버지의 방에서 이상한 소리가 들릴 때마다, 자다가 이상한 낌새가 들 때마다 아버지에게 달려가 안위를 확인하는 나날이었다. 피고인이 겪었을 고통에 대해 감히 물어볼 수조차 없었다. 그의 범행이 외상 후 스트레스 장애로 인한 것이 아닌지 의심되는 상황이었다. 외상 후 스트레스는 전쟁, 고문, 자연재해, 사고 등 충격적인 사건을 경험한 뒤 겪는 정신장애에 대한 총칭이다. 증상으로는 공격적 성향, 충동조절 장애 등이 있다. 사춘기 시절부터 아버지의 자살 시도를 접했던 피고인이 받았을 정신적 충격이 외상 후 스트레스 장애로 이어져 범행에 이르게 된 것이 아닌지 검사해보고 그렇다면 심신미약을 주장해 감형을 받을 생각이었다.

심신미약을 인정받는다 해도 어디까지나 감형일 뿐 무죄를 받는 것은 아니다. 피고인에게 '아버지를 죽였다'는 꼬리표를 붙여주고 싶지 않아 조금이라도 수상해 보이는 건 다 검토해봤다. 생전에 간이 좋지 않던 피고인의 아버지는 장기간 입원치료를 받았는데 혹시나 싶어 그때 받은 혈액 검사 결과를 찾아봤다. 간이 좋지 않을 경우 혈액 응고가 더디게 되는데 혹시 그 때문에 별것 아닌 상처에 피를 많이 흘려 사망한 것이 아닌지 찾아볼 생각이었다. 혹시나 목을 매다는 과정에서 이미 치명상을 입은 게 아닌지도 검토 대상이었다. 하지만 길이 보이질 않았다. 친분이 있는 의사에게 개인적으로 피해자의 혈액 성분 분석을 요청해보니 출혈 경향은 있지만 그리 심하지 않다는 답을 들었다. 목을 매단 과정에서도 별다른 상처가 발생한 것 같지 않다는 의견이었다.

피고인이 아버지를 구출한 뒤 무차별 폭행한 것도, 아버지가 정신을 잃고 병원에 이송된 직후 사망한 것도 자명한 사실이었다. 시체 검안서에도 '사망의 종류 : 외인사' '외인사 사항 : 폭행' '의도성 여부 : 타살'이라 기재되어 있었다. '우측 흉부 등에 가해진 외력에 의해 다발성 늑골 골절, 흉강 내 출혈이 발생'한 것이 원인으로 지목되었다. 피고인이 무차별 폭행하는 과정에서 피해자의 갈비뼈가 부러졌고 이로 인해 가슴 안에서 출혈이 발생해 사망에 이르게 되었다는 것이다. 범죄 가능성이 짙은 터라 부검이 이루어졌지만 그 감정서는 아직 제출이 되어 있지 않았다. 실낱같은 기대를 안고 검찰 측에 부검 감정서를 제출해줄 것을 요구했다. 시체 검안서의 내용이 틀렸기를 바라는 수밖에 없었다.

한 달 정도 지났을까. 국립과학수사연구원으로부터 부검 감정서가 도착했다. 급한 마음에 뒤쪽에 있는 결론부터 열어봤다. '사인 : 가슴 부위 손상(흉부손상)'이라 적혀 있었다. '참고 사항'에는 '가슴 부위 손상은 수사기록에 나타난 바와 같은 폭행으로 인하여 발생할 수 있는 손상에 배치되지 않음'이라 적혀 있었다. 피해자의 가슴 부위 손상은 피고인의 폭행으로 발생했다는 얘기였다. 허탈한 마음으로 다시 앞에서부터 부검 감정서를 읽어나가기 시작했다. 갈비뼈는 총 22군데가 부러져 있었다. 오른쪽 갈비뼈 앞쪽 3~7번까지 5개, 왼쪽 갈비뼈 앞쪽 2~7번까지 6개, 그리고 오른쪽 갈비뼈 뒤쪽 2~12번까지 11개, 그 외에 다른 부위에는 골절이 없었다.

무언가 이상하단 생각이 들었다. 갈비뼈 앞쪽에 발생한 골절은 병원 도착 후 심폐소생술 과정에서 발생한 것으로 봐야 했다. 심폐소생술 과정에서 강하게 가슴을 압박하는데 이때 앞쪽 갈비뼈가 자주 부러진다. 심폐소생술로 부러지는 부위는 보통 앞쪽 갈비뼈 가운데 부위이자 피해자의 골절 부위와 유사한 2~6번이다. 부검의 역시 앞쪽 갈비뼈 골절은 심폐소생술이 원인일 가능성이 높다 지적하고 있었다. 남은 것은 오른쪽 등 뒤에 일렬로 발생한 2~12번까지의 골절인데 이 부분이 이상했다. 피고인의 혐의는 아버지를 주먹과 발로 무차별 폭행했다는 것 아니던가. 다른 부위에는 골절이 전혀 없는데 유독 오른쪽 등 부위 갈비뼈만 일렬로 부러졌다는 것은 무차별 폭행과는 어울리지 않았다. 일부러 한 줄로 가격한 것이 아닌 이상 이런 형태의 골절은 불가능했다.

퍼뜩 떠오르는 게 있어 피고인의 과거 진술을 샅샅이 뒤져
보았다. 피고인은 수사를 받는 내내 목 맨 아버지를 내리는 과
정에서 아버지가 바닥에 떨어졌다고 얘기했다. 피고인이 자신
의 죄를 줄이기 위해 변명하는 것으로 보이지는 않았다. 피고
인은 수사 초기부터 자신이 아버지를 죽게 했다고 인정했고 변
호인 접견을 갔을 때도 자책하고 있었다.

피고인이 아버지를 구하는 과정에서 아버지가 바닥에 떨어
지며 등에 금이 간 것이 아닌가 의심스러웠다. 등 뒤 갈비뼈의
골절은 한 번의 강하고 광범위한 충격이 그 원인인 것으로 보
였다. 아버지의 혈중 알코올 농도는 0.321%였다. 심하면 그 자
체로 사망에 이를 수 있고 적어도 반사작용이 소실될 정도의
수치였다. 등으로 떨어질 때 뒤로 손을 짚는 등의 반사적 방어
가 없었을 가능성이 높다는 얘기다.

내 가설이 맞는지 궁금해 구치소에 있는 피고인을 만나러
갔다. 수사는 주로 피고인이 아버지를 어떻게 폭행했는지에 초
점이 맞춰져 있어서 구조 과정에 대한 조사는 없었다. 피고인
의 얘기를 통해 자세한 정황을 확인해야만 했다.

피고인이 쾅 하는 소리를 듣고 달려갔을 때 아버지는 건넌
방 천장에 목을 맨 상태였다. 피고인은 급한 마음에 한 손으로
는 공중에 떠 있는 아버지의 엉덩이 밑을 잡고 안아 올렸고 한
손으로는 매듭에서 아버지의 목을 빼내려 했다. 한 손으로 목

의 매듭을 푼 뒤 아버지가 어디부터 바닥에 떨어졌는지는 기억이 나지 않는다 했다. 다만 계속 아버지의 엉덩이 밑을 잡고 있었기 때문에 발부터 땅에 떨어진 것은 아니라 했다. 피고인의 설명대로라면 술에 취해 힘이 빠진 아버지는 등부터 바닥에 떨어졌을 가능성이 높았다.

재판 결과 피고인은 아버지를 사망케 한 점에 대해 무죄를 받았다. 피고인이 아버지를 구하는 과정에서 아버지가 바닥에 떨어졌고 이것이 갈비뼈 골절의 원인일 가능성이 높다는 주장이 받아들여진 것이다.

재판 과정에서 법의학 전문가에게 보낸 질문지의 회답이 중요한 역할을 했다. 회신에는 등 뒤 골절의 원인이 "독립적인 각각의 충격 또는 1회의 연속적인 충격", "신체 후면의 오른 갈비뼈는 그 형태를 보면 비스듬한 사선 형태로 연속적으로 보이며, 그 위치와 형태를 고려한다면 압박, 압착 또는 직접적 충격에 의한 골절일 가능성이 높다고 판단한다"고 적혀 있었다. 원인으로 폭행만 기재되어 있던 애초의 부검 감정서와는 달리 '1회의 연속적인 충격'과 '압착'이 가능성 중 하나로 추가된 것이다. 애초의 부검 감정서는 피고인이 아버지를 폭행했다는 정보만 전달된 상황에서 작성되었고, 뒤의 의견은 아버지의 낙상 가능성에 대해서도 전달된 상황에서 작성되었다. 정보의 차이가 다른 결과를 만들어낸 것이다.

부검 자체의 신뢰도는 무척 높지만, 부검에 이르기까지 과정이 잘못되면 부검 결과 역시 잘못된다. 현장의 정보가 제대로 제공되지 않으면 잘못된 결론에 이르고 만다. 지문 전문가에 대한 실험에서 사건 내용에 대해 암시를 받은 쪽으로 검사 결과가 치우쳐졌다는 점도 떠올려볼 필요가 있다.

피고인은 아버지를 폭행한 점에 대해서는 유죄가 인정되어 이 부분에 대해서 집행유예형을 받았다. 피고인은 당일 석방되었지만 소년이 돌아갈 반지하 방은 이미 사라진 뒤였다. 피고인이 감옥에 있는 동안 가족들은 방세를 내지 못하고 쫓겨나 보증금 없는 월세방을 전전하고 있었다. 무엇을 할 거냐는 질문에 피고인은 군대 가기 전까지 일을 해 가족들의 월세보증금을 마련하겠다고 했다.

DNA 수사를 제외한 나머지 과학수사에는 제각각 약점이 있지만 그럼에도 이를 쉽게 포기할 수는 없다. DNA 증거가 발견되는 경우는 전체 범죄의 10%가 채 되지 않기 때문이다. 수사 일선에서도 과학적 증거의 한계에 대해 잘 이해하고 이를 개선하기 위해 많은 노력을 하고 있다. 실제 수사기록을 보면 지문 증거 같은 과학적 증거만으로 범인을 특정하는 경우는 찾아보기 힘들다. 현장의 족적, CCTV 촬영 영상, 목격자의 진술 등 다양한 추가 증거를 통해 혹시 있을지 모르는 과학적·기술적 증거의 오류를 대비하고 있다.

이노센스 프로젝트The Innocence Project는 1992년 뉴욕 한 법대의 프로젝트에서 시작된 미국의 인권단체다. 잘못된 유죄판결을 받은 사람들의 사건을 다시 조사해 결백을 입증하는 활동을 한다. 이노센스 프로젝트가 밝혀낸 225개의 오판 사례 중 116건이 잘못된 법과학 증거로 인한 판결이었다.

살 인 자 의
마 음 을
알 수 있 을 까

──────── 피고인의 의도에 따라 달라지는 죄명

내가 변호했던 사건이 심심찮게 뉴스에 나오곤 한다.
무죄를 받은 날이면 칭찬하는 댓글이 있을까 싶어 댓
글란을 열심히 보곤 하는데 거개가 비난이다. 무죄 결
과가 맘에 들지 않는 사람들은 '이게 어떻게 무죄냐'
며 재판부와 피고인을 비난하고, 무죄 결과가 맘에 드
는 사람들은 피고인을 기소한 검찰을 비난한다.

얼마 전에는 다툼 끝에 이웃의 명치를 칼로 찔러 살인미수 혐의를 받은 피고인의 사건이 보도됐다. 무죄를 받은 터라 댓글을 자세히 읽어봤는데 웬일로 의견들이 통일을 이루고 있었다. 사람 배를 칼로 찔렀는데 이게 왜 살인미수가 아니냐며 모두가 일치해서 판결 결과를 비난하고 있었다. 변호사가 되기 전이었다면 나 역시 합세해 악플을 달았을지도 모르겠다. 하지만 이게 그렇게 간단한 문제일까?

일단 뉴스는 불성실한 요약본이다. 이 사건의 경우 재판을 방청한 기자가 한 명도 없었다. 재판이 끝나면 각 법원의 언론담당 판사(공보판사)가 그날 사건 중 '주요 사건' 몇 개를 뽑아 출입기자들에게 자료를 배포한다. 드라마를 보고 줄거리를 요약해서 전해준다 해도 사람마다 말하는 내용은 제각각이다. 정밀한 논증이 오고 가는 재판을 직접 보지도 않고 전달한다면 오차 정도는 더 크지 않겠는가. 재판에 따라 기자들이 재판의 시작부터 끝까지 방청을 하는 경우도 있지만 요약본이라는 본질 자체는 변하지 않는다. 나중에 기사를 읽어보면 재판에서 오고 간 공방 중 많은 부분이 빠져 있곤 했다.

특히 죄명이 살인이나 살인미수인 경우는 사건이 쉽게 끝나는 경우가 없다. 대부분의 피고인이 살인의 고의를 부정하기 때문이다. 피고인의 가해행위로 인해 피해자가 사망했다 하더라도 당시 피고인이 어떤 마음이었냐에 따라 살인, 상해치사,

폭행치사, 과실치사로 죄명은 달라진다. 가장 무거운 살인죄의 형량이 사형·무기 또는 5년 이상의 징역이고 가장 가벼운 과실치사가 2년 이하의 금고 또는 700만 원 이하의 벌금이다. 사건 당시 어떤 마음이었냐에 따라 형량이 극명하게 갈리니 피고인들은 무조건 '상대를 죽일 마음은 아니었다'고 우기는 경향이 있다. 연행 직후에는 결기에 차서 상대를 죽여버리려 했다고 진술했다가 이후 진술을 바꾸는 경우도 많다.

피고인들이 살인 고의에 대해 부인하는 경우가 많다 보니, 대법원은 아예 살인 고의를 측정하는 기준을 따로 두고 있다. 행위에 이르기까지의 경위 및 동기, 준비된 흉기 유무, 흉기의 종류와 용법, 가해 부위와 공격의 반복성 같이 외부적으로 분명히 관찰되는 사항에 기초해 피고인의 사건 당시 '마음'을 추정하는 구조다. 가령 며칠 전부터 회칼을 준비해 피해자의 가슴을 수차례 찔렀다면 피고인에게 살인 고의가 있었다 인정하는 식이다. 간단한 것 같지만 이 기준이 피고인의 마음속에서 벌어진 일을 짐작하기 위한 수단이라는 걸 기억할 필요가 있다. 재판에서 이와 관련해 매우 세밀한 공방이 오가는데 언론 보도에서 이 공방의 전모가 상세히 보도되는 일은 드물다.

이 사건은 가게를 운영하는 이웃이 길에 물건을 쌓아놓자 피고인이 이에 항의하는 과정에서 벌어졌다. 피고인은 피해자가 쌓아놓은 물건을 거리로 쏟아버렸고, 피해자가 항의하자 물건을 다시 쌓아 올리기 시작했다. 이 점에 대해서는 피고인이나 피해자 모두 인정했다. 정리하는 과정에서 피고인의 실수로 피해자의 물건이 일부 부서졌는데 이후 과정부터 양쪽의 진술이 엇갈렸다. "점잖게 항의했을 뿐인데 피고인이 집으로 들어가더니 과도를 숨겨 와서 갑자기 자신을 찔렀다"는 것이 피해자의 주장이었다. 피고인은 내내 오락가락했다. 물건이 부서지는 상황부터 진술이 흐려졌다. 피고인에게는 알콜성 치매 증세가 있었고 사건 당시 막걸리를 한 병 반 정도 마신 상태였다.

물건 쌓아놓는 문제로 평소 다툼이 있었던 것도 아니었다. 증인으로 나온 피해자 측 직원과 피해자 모두 평소 피고인과 아무런 다툼이 없었다고 말했다. 평소 인사를 나누며 지내던 이웃을 살해할 마음을 먹을 가능성이 과연 얼마나 될까. 피고인이 폭력적인 성향이었다면 모르겠지만 피고인에게는 전과도 없었다.

집으로 들어간 피고인이 과도를 들고 나온 것은 매우 불리한 정황이긴 했다. 우발적으로 눈에 보이는 물건을 집어 든 것과 집까지 찾아가 과도를 준비해 온 것은 분명한 차이가 있다. 피고인 가족들의 얘기를 들어보니, 문제의 과도는 피고인이 마당 화단에 두고 작업용으로 쓰던 것이었다. 피고인은 도대체 무슨 마음으로 이 칼을 들고 나온 걸까? 몇 차례 물어봤지만 피고인은 제대로 기억하지 못했다. 물건이 부서진 것 때문에 피고인과 피해자 사이에 약간의 몸싸움이 있었고, 나이도 많고 몸집도 작은 피고인이 힘에서 밀리자 무언가 손에 들 물건을 찾다가 마침 눈에 띈 과도를 들고 나온 것이 아닐까?

그날 법정에서 나는 "그저 의혹 제기일 뿐이지만 사건의 경위에 대한 피해자의 설명이 믿을 만한지 판단해달라"고 주장했다. 점잖게 항의를 했을 뿐인데 갑자기 칼을 들고 나왔다는 피해자의 주장 역시 사태를 설명하기에는 크게 부족했기 때문이었다. 피해자는 피고인을 상대로 피해 배상을 요구하는 민사 소송을 진행 중이었다. 자신의 행동은 축소하고 피고인의 행동을 과장할 동기가 충분했다.

──── 미필적 고의를 인정해야 할까

사건의 가장 민감한 부분은 피고인이 명치를 찌른 사실이었다. 미필적 고의라는 개념이 있다. 결과 발생을 희망하는 정도까지는 아니지만 결과가 발생할지 모른다는 것을 알면서도 이에 대해 '에라 모르겠다'라고 방기하거나 '어쩔 수 없지'라고 용인하는 태도를 보이는 것을 일컫는다.

살인에 대해 미필적 고의를 인정한 대표적 사례가 세월호 침몰 사고다. 3백여 명의 승객을 배에 두고 먼저 탈출할 때 세월호 선장은 승객이 사망하기를 희망하지는 않았을 것이다. 하지만 대법원은, 승객에게 배에서 탈출하도록 안내하지 않고 먼저 탈출한 것은 승객을 방기하거나 '죽어도 어쩔 수 없지'라고 용인하는 마음에서 비롯된 것이라고 판단했다.

피고인이 홧김에 피해자의 배를 찌를 때 '죽어도 나는 모르겠다'고 생각해버린 건 아닐까. 미필적 고의는 고의의 한 종류다. 확정적으로 희망한 경우에 비해 형량이 조금 줄어들긴 하지만 고의로 인정된다.

피고인은 여러 번의 조사를 받던 중 마지막에 가서야, 피해자가 상의를 들어 배를 보이며 찔러보라고 도발했다는 주장을 했다. 피해자가 그런 적 없다 부인하고 있는 마당에 피고인이 마지막에 가서야 꺼낸 이 주장을 얼마나 신뢰할 수 있을까. 나는 법정에서 사건 당시 피해자가 입고 있었던 옷을 촬영한 사진을 증거로 제시했다. 피해자 주장대로 피고인이 갑자기 칼로 찌른 것이라면 옷에도 구멍이 있어야 했다. 하지만 사진 속의 옷에는 구멍이 보이지 않았다.

옷은 피에 젖어 있었고 사진의 해상도는 낮았기에 구멍이 있는데도 식별이 되지 않는 것일 수도 있었다. 하지만 이런 반대 가능성을 일축하는 것은 입증책임을 지는 검사의 몫이었다. 피고인으로서는 반대 가능성이 있고 그 가능성이 제법 합리적이라는 것을 보이는 것만으로 충분하다. 피고인은 그저 겁만 줄 생각이었는데 피해자가 도발하자 엉겁결에 칼이 배로 향하게 된 것이라는 것이 우리의 주장이었다.

물론 상대가 배를 보이며 도발을 한다 해도 칼로 찌르면 안 된다. 이를 방어하기 위한 근거는 알코올 중독이 있는 피고인이 술을 마신 상태였으며 피고인이 피해자를 단 1회만 찔렀다는 것이었다. 피해자는 피고인이 이후에도 계속 공격을 시도했다고 주장했으나 목격자는 이런 장면을 보지 못했다고 진술했다. 게다가 "칼로 찌른 뒤 피고인이 칼을 민다거나 계속 잡고 있었냐"는 질문에 피해자는 피고인이 칼을 바로 뺐다고 진술했다. '알코올 중독 상태의 60대 피고인이 술에 취해 칼을 찌르는 척만 하려 했는데, 자신의 신체를 통제하지 못해 생각보다 칼이 더 나아갔다. 애초에 찌를 마음이 없었기에 피해자가 찔린 것을 알고 놀라 바로 범행을 포기했다'가 우리 측 최종 주장이었다.

최종변론을 마친 후 배심원들은 3시간 가까이 회의를 했다. 재판 결과는 무죄 8, 유죄 1로 살인미수는 무죄였다. 다만 칼로 피해자를 다치게 하려는 의도는 있었다고 보아 특수상해로 유죄판결을 받았다. 이날 재판정에서 제시된 가능성 중 가장 그럴듯한 것을 뽑으라면 '순간적으로나마 피고인에게 살인할 마음이 있었다'는 것이 1순위가 되었을 것이다. 하지만 형사소송의 대원칙은 무죄추정의 원칙과 검사 입증책임의 원칙이다. 무죄추정을 뒤집기 위해 검사는 피고인이 유죄임을 '합리적인 의심의 여지가 남지 않도록' 입증해야 한다. 피고인에게 피해자를 죽일 마음이 없었을 가능성이 있고 그 가능성이 설득력 있다면, 피고인에게는 무죄가 선고되어야 한다. 형사재판의 중점은 바로 이 두 번째 가능성이 20~30% 이상 신뢰도를 갖느냐에 있다. 이 대원칙을 모른다면 앞으로도 이해 못할 뉴스는 많을 것이다.

살인이나 살인미수 혐의를 받는 피고인들이 고의를 부인하는 걸 변명으로만 봐야 하는지도 의문이다. 피고인들을 접견해보면 피고인도 자신의 마음을 잘 몰랐던 게 아닐까 싶다. 칼이 나올 정도면 굉장히 흥분된 상황 아니겠는가. 본인도 모르는 마음을 제3자가 의심의 여지 없이 입증하는 건 쉬운 일이 아니다. 무죄추정의 원칙 하에서 살인, 살인미수죄에 유죄판결이 나기 힘든 이유다. 윤 일병 사건, 각종 어린이 학대 사건에서 살인죄가 아닌 상해치사죄가 적용된 이유도 결코 여기가 '헬조선'이기 때문만은 아니다.

아 무 도
책 임 지 지 않 는 다

––––––– 처벌이 어려운 기업범죄의 특성

1987년 3월 6일 벨기에의 한 항구를 떠난 헤럴드 오
브 프리 엔터프라이즈Herald of Free Enterprise호가 출발한
지 30분 만에 침몰했다. 총 459명의 승객 중 193명이
사망했고 4명이 실종된 이 대참사의 원인은 실로 어처
구니가 없었다. 카페리선car ferry이었던 배의 뱃머리에는
자동차가 드나드는 큰 문(선수문)이 있었는데 이 문을

열어놓은 채 출항을 한 것이다. 열린 선수문으로 바닷물이 쏟아져 들어오는 동안 부갑판장은 선실에서 취침 중이었다. 일등항해사 역시 선수문 개폐 확인을 하지 않은 채 배를 출발시킨 것으로 밝혀졌다. 이 사건은 이후 수사와 재판 과정에서 다시 한 번 큰 충격을 준다. 부갑판장, 일등항해사, 배의 운영회사와 운영진을 비롯해 그 누구도 처벌을 받지 않은 것이다.

수사가 진행되면서 배 침몰 원인을 무엇 하나로만 단정할 수 없었다는 사실이 밝혀졌다. 일단 배의 함교에서 문이 열려 있는지 닫혀 있는지 확인할 수 있는 방법이 없었다. 과거에 선수문 개폐를 확인할 수 있는 장치를 설치해달라는 요청이 있었지만 회사는 이를 무시했다. 부갑판장이나 일등항해사가 자신의 임무를 충실히 하려고 했더라도 이들에게는 선수문이 열려 있는지 확인할 방법이 없었다.

물의 깊이와 배의 속도도 침몰의 원인이었다. 사실 선수문 입구는 수면으로부터 높은 곳에 있었다. 선수문이 열린 채로 배가 출발했다 해도 높은 곳에 있는 선수문 입구까지 바닷물이 들어올 가능성은 거의 없었다. 하지만 수심이 낮은 곳을 지나가면서 배가 평소보다 더 가라앉는 이른바 천수효과가 발생했고, 이로 인해 배의 선수문과 수면 사이는 1.5m 차이밖에 나지 않게 되었다. 이 배의 마지막 불운은 배가 속력을 올렸다는 것이다. 배가 빠르게 나아가면서 배 앞부분에 높은 파도가 발생했고 이로 인해 바닷물이 선수 부분으로 밀려든 것이다.

배의 운영회사는 이 모든 사태를 도저히 예측할 수 없었다는 이유로 무죄를 선고받았다. 이후 검찰은 부갑판장과 일등항해사에 대해서만 기소하는 것은 공공의 이익이 없다는 이유로 이들에 대한 기소 역시 취하했다.

이 사건은 이른바 기업범죄의 특성을 잘 보여준다. 처음부터 모두가 범죄를 저지를 의도가 있었다면 매우 간단한 문제였을 것이다. 한 사람은 집에 들어가서 물건을 훔치고 나머지 한 사람은 동구 밖에서 망을 봤다면, 망을 본 사람의 행동 자체는 절도가 아니지만 절도범으로 처벌을 받는다. 이를 공동정범이라 한다. 공모 하에 범죄를 저질렀다면 범죄의 작은 부분에만 가담했다 하더라도 전체에 대한 처벌을 함께 받아야 하는 것이다. 하지만 기업범죄는 다르다. 보통 개개인의 태만, 부주의가 겹쳐서 사태가 발생하는 터라 결국 행위자들을 과실범으로 처벌할 수 있느냐가 문제시되곤 한다.

운전을 하고 가다 뛰어든 사람을 차로 친 사건을 가정해보자. 사고를 원하는 운전자는 없을 테니 결국 운전자에 대한 처벌 여부는 과실 유무에 따라 결정된다. 동료 변호사가 여섯 살 난 어린이를 치어 숨지게 한 트럭 운전사를 변호한 적이 있다. 언덕길에서 자전거를 타고 빠른 속도로 내려오던 어린이가 교차로를 지나가던 피고인의 차 옆을 들이받고 차 밑으로 빨려

들어간 사건이었다. 이 사건의 쟁점은 바로 '피고인이 이런 일을 예측할 수 있었는가'였다. 담당 변호사는 멀리 떨어져 있던 자전거가 순식간에 달려와 차 앞도 아닌 옆에 부딪힌 것은 피고인이 도저히 예측할 수 없는 일이므로 피고인에게 무죄가 선고되어야 한다고 주장했다. 하지만 피고인에게는 유죄가 선고되었다. 교차로에 진입하기 전 피고인의 차량이 잠시 멈칫하는 것을 봤다는 목격자의 증언이 있었기 때문이다. 법원은 어린이가 언덕길에서 자전거를 타고 내려오는 것을 봤다면 그대로 달려와 차에 부딪히는 것을 예측하고 그 위험을 피했어야 한다고 판단했다.

형법상 과실은 예측가능성과 회피가능성으로 구성된다. 나쁜 결과를 예측할 수 있었고 이를 회피할 수 있었는데 하지 않았다면 과실이 인정된다. 어찌 보면 매우 간단한 기준이지만 현대사회로 접어들면서 사태가 무척 복잡해지고 말았다.

현대사회의 특징 중 하나는 전 지구적 분업이다. 내가 지금 만들고 있는 너트가 우주왕복선에 들어갈지, 교량에 들어갈지, 기차에 들어갈지 예측할 수가 없다. 그 너트로 인해 대규모 인명 피해가 발생할 수도 있다는 걸 예측하기는 더욱 어렵다. 분업을 대규모로 하면 할수록 그 안에 있는 개개인은 결과를 예측하기 힘들어진다. 결국 헤럴드 오브 프리 엔터프라이즈호 사건처럼 그 누구에게도 책임을 돌릴 수 없는 사태가 벌어지고 만다. 여기서 한 가지 아이러니가 발생한다. 대규모로 일을 벌이면 벌일수록 일에 가담한 개개인이 그 결과에 대한 책임을 질 가능성은 낮아지고, 반면 이로 인한 인명 피해 가능성은 극적으로 높아진다는 것이다.

─── 성수대교를 붕괴시킨 평범한 태만들

헤럴드 오브 프리 엔터프라이즈호 사건과 유사한 사건이 우리나라에도 있었다. 바로 1994년에 벌어진 성수대교 붕괴 사고다.

1994년 10월 21일 수도 서울 한가운데를 지나는 성수대교가 붕괴됐다. 이로 인해 다리 위를 달리던 차량이 추락해 32명이 사망했다. 아침 출근길에 벌어진 일이었다. 그 누가 다리가 무너질 걸 예상했겠는가. 사건 당일 다리가 벌어지고 있다는 시민들의 신고가 있었으나, 당국은 단순한 장난 전화로 치부했다. 이때 통행을 통제하기만 했더라도 인명 피해는 막을 수 있었을 것이다. 결국 다리는 붕괴되었고 원인 제공자를 찾아 처벌하는 일만 남았다.

조사 결과 다리의 하중을 지탱하는 곳에 용접이 불량한 부분이 발견되었고, 애초 설계도면과 달리 오차가 발생했음에도 대충 땜질하는 식으로 시공한 사실이 드러났다. 문제는 건설회사의 시공 부실이 붕괴의 단독 원인이었냐는 것이다. 오직

이 부실 때문에 다리가 무너졌다고 하기에는 부실을 키운 다른 원인을 도저히 무시할 수가 없었다.

성수대교는 최대 18톤 차량이, 그리고 하루에 8만 대 정도가 통행할 것을 예상하고 설계됐다. 하지만 막상 다리가 개통되자 18톤 이상의 차량이 아무런 제지 없이 다녔으며, 붕괴 당시 하루 통행량은 당초 예상했던 숫자의 두 배 이상이었다. 다리를 관리하는 서울시청이 이런 상황을 통제해야 했다. 애초 성수대교는 세심한 점검을 필요로 하는 공법으로 설계되었기에, 관리와 점검을 소홀히 한 것도 원인으로 지목되었다.

모두가 원인을 제공하였으나 어떤 것이 결정적인지 알 수 없는 상황이었다. 관련자 개개인도 자신이 범한 실수와 다리 붕괴라는 결과를 도저히 연관 지을 수 없었을 것이다. 자칫하면 헤럴드 오브 프리 엔터프라이즈호의 경우처럼 관련자 누구도 처벌할 수 없는 상황이 벌어진 것이다. 하지만 우리나라 법원은 건설사와 다리 관리자인 서울시 공무원에게 모두 유죄를 인정했다. 이들 사이에 공범 관계가 인정된다는 이유였다.

대법원의 이러한 판결은 이후로도 끊임없는 논란의 대상이 되었다. 대형 재난에 대해 그 누구도 책임을 지지 않는 사태는 막았지만 범행에 대해 모의한 적도 없는 사람들을 마치 공모가 있었던 것처럼 취급한 것이 타당하냐는 것이다. '우리 함께 실수를 모아 배를 가라앉히고 다리를 붕괴시키자' 라는 합의가 있었을 리 만무하지 않은가.

형사처벌이 해결책일까

평범한 태만들이 모여 발생하는 대형 참사를 방지하기 위해선 전 사회적인 고민이 필요하다. 그러나 이 문제에 대한 해결은 얼렁뚱땅 형법에 맡겨지고 말았다. 대형 참사가 벌어지면 언론이나 정부가 나서서 원흉이 누군지를 지목하고, 지목된 사람을 강하게 처벌하면 문제에 대한 해결이 이루어지는 것처럼 여긴다. 하지만 이런 대형 재난에 형법이 최선의 해결책인 것처럼 여겨지는 것은 매우 당혹스럽다. 앞서 두 사건이 보여주었듯 형법이 이런 문제에 대처하는 데에는 근본적인 한계가 있다.

일단 금지하고자 하는 행위는 미리 법전에 규정되어 있어야만 한다. 이것이 바로 소급효금지 원칙이다. 문제가 된 행위가 벌어진 뒤 부랴부랴 법을 만들어봤자 이미 벌어진 행동에 대해서는 처벌할 수가 없다. 대형 참사에 대한 대비책을 형법에게 맡기는 것은 결국 형법 입법자에게 사회 안전에 대한 예언자의 지위를 맡기는 것과 같다.

문제는 어떤 위험이 벌어질지 미리 예측하는 것이 무척 어렵다는 점이다. 광범위하고 추상적인 규정을 만들어서라도 위험에 대비를 해야 하는 걸까? 그러나 이럴 경우 사회는 민주적 통제로부터 멀어진다. 광범위한 형법 규정을 실무에서 행사하는 것은 수사기관, 좀 더 좁혀서 말하자면 검찰이다. 경전이 추상적이면 이를 해석할 권한을 가진 제사장이 득세하는 것은 당연한 결과다.

세월호 사건, 가습기 살균제 사건과 같이 광범위한 인명 피해를 가져온 사건이 빈발하자 대책 논의가 활발하다. 대형 인명 사고의 경우 미국처럼 형기를 합산해 2, 300년 형도 가능하도록 해야 한다는 법률안, 기업에서 안전 조치 미흡으로 인명 피해가 발생하면 거액의 벌금을 부과하는 법률안 등의 논의가 있다. 논의의 대부분은 어떻게 형사처벌을 할 것인가에 초점이 맞춰져 있다. 마땅한 대안이 없는 상황에서 당분간 이런 추세는 피할 수 없을 듯하다. 문제는 이 방법에 내재한 한계에 대해 명확히 인식하고 있어야 한다는 것이다. 대형 참사 이상으로 위험한 것은 대중의 공포를 자양분으로 삼은 공권력이다.

아직은
범인이
아니기
때문에

유영철과 강호순. 잔악한 연쇄 살인범인 둘 사이에는 인상적인 차이가 있다. 나에게 강호순의 케이스가 특별한 건 그를 기점으로 언론 보도의 무죄추정이 무너졌기 때문이다. 유영철은 아직까지도 얼굴을 모르는 사람이 꽤 많다. 체포 단계에서 언론은 그의 얼굴을 공개하지 않았고 그래서 많은 사람들이 그를 모자와 마스크를 쓴 모습으로 기억하고 있다. 유죄가 확정될 때까지는 무죄로 취급한다는 무죄추정의 원칙에 따른 처사였다. 반면 강호순의 경우 언론이 체포 초기부터 앞다투어 실명과 얼굴을 공개했다. 국민의 알 권리를 보장하겠다는 이유에서였다. 그 후 언론이 스스로 규정한 흉악 사건의 피고인들은 자백 여부와 무관하게 실명과 얼굴이 공개되고 있다. 김길태, 김홍일, 오원춘, 박춘봉. 이제는 수사 초기부터 실명과 함께 범인의 얼굴을 알게 되는 게 당연한 일이 되어버렸다.

무죄추정은 매우 간단한 원칙이다. 재판정에서 유죄로 확정될 때까지는 피고인을 무죄로 간주해야 한다는 뜻이다. '어떤 사람에 대해 유죄판결을 하고 싶다면 합리적인 의심의 여지가 없이 유죄임을 입증해야만 한다'는 검사 입증책임의 원칙도 여기서 도출된다. 피고인이 의심스럽다는 이유만으로 그를 처벌할 수 없다는 당연한 원칙이다. 하지만 연일 보도되는 흉악 범죄 뉴스 앞에서 무죄추정의 원칙이 설 자리는 점점 좁아지고 있다. 피고인 보호보다 피해자의 고통이 우선이라는 주장 앞에서 피고인의 인권과 무죄추정의 원칙에 대한 이야기를 꺼내면 피해자의 고통에 공감하지 못하는 사람으로 취급받기 십상이다.

무죄추정의 원칙이 지켜진 대표적인 사례가 바로 몇 년 전에 있었던 낙지 살인 사건이 아닐까 싶다. 제3자가 목격한 대목부터 사건을 기술하면 이렇다.

사건 현장에 처음 도착한 건 모텔 종업원이었다. 여자는 정신을 잃은 채 누워 있었고 같이 투숙했던 남자 친구는 여자의 입에서 무언가를 빼내려 하고 있었다. 남자는 여자 친구가 만취 상태에서 산 낙지를 삼켰는데 이게 목에 걸려 정신을 잃었다고 말했고, 여자는 뇌사 상태로 병원에 옮겨진 지 보름 만에 숨을 거두고 말았다. 여자 친구가 병원에 입원해 있는 동안 오열하는 남자의 모습을 보고 여자의 가족은 별다른 의심을 하지 않았고, 여자가 사망하자 부검도 하지 않은 채 화장을 해버린다.

3주 후 대반전이 일어났다. 고인의 집으로 보험사에서 보낸 보험증서가 도착한 것이다. 증서에는 남자가 여자 친구의 생명보험금 2억 원을 수령해 갔다는 통지가 담겨 있었다. 보험금을 타간 과정을 되짚어보니 수상한 점이 한두 가지가 아니었다. 여자 친구가 사경을 헤매고 있는 동안 남자는 자신의 사촌을 통해 생명보험금을 대납하고 있었다. 대납한 지 이틀 만에 남자는 통장을 새로 개설하는데 이 통장은 나중에 생명보험금을 받는 계좌로 사용된다. 사망한 여성은 사고 2개월 전

남자 친구의 권유로 보험에 가입한 것으로 밝혀졌다. 오직 사망한 경우에만 보험금을 받을 수 있는 보험이었다. 아르바이트로 생계를 잇는 20대 여자가 오직 사망만을 대비하기 위해 월 13만 원씩 보험료를 납입했다는 것이 뭔가 의심스럽지 않은가. 게다가 사건 일주일 전 보험금의 수익자가 남자로 바뀐 것도 수상했다. 남자는 심지어 보험금을 현금으로 인출한 뒤 인증샷을 찍어 자신의 SNS에 올리기까지 했다.

유족들의 고소로 수사가 개시되자 남자의 수상한 행적은 더 밝혀졌다. 사건 직전 남자는 인근 횟집에서 산 낙지를 총 네 마리 사 갔는데 보통 익혀 먹는, 크기가 큰 낙지였다. 게다가 네 마리 중 두 마리는 자르지 않은 상태로 사 갔다. 여자는 이가 좋지 않아 평소 식사하는 데 어려움을 겪고 있었고 낙지 같은 질긴 음식은 잘 먹지 않았다고 한다.

가족들의 절절한 호소에도 불구하고 검찰은 증거가 없다는 이유로 남자를 기소하지 않았고, 이는 여론의 분노로 이어졌다. 결국 여론에 밀린 검찰은 사건 발생 2년 만에 남자를 살인 혐의로 구속 기소했고 법원은 1심에서 무기징역을 선고했다. 그러나 이어진 2심과 3심에서 법원은 무죄추정의 원칙을 이유로 무죄를 선고했다.

여성의 사인은 질식이었다. 논점은 '질식이 피고인에 의한 것이냐 아니면 피해자 스스로 낙지를 먹다 생긴 것이냐' 였다.

피고인이 강제로 피해자에게 낙지를 먹였거나 피해자의 입을 막았다면 피해자가 반항한 흔적이 있어야 한다. 사망할 위험에 처할 때 사람은 반사적으로 격렬한 저항을 하기 마련이다. 피해자가 저항하는 과정에서 가해자의 신체에 남긴 흔적 혹은 숨이 막히는 괴로움에 몸을 비틀다 스스로에게 낸 상처라도 있어야만 했다. 하다못해 피해자가 이미 정신을 잃은 상태에 있어서 본능적인 저항마저 불가능한 상태였다는 것이라도 입증되어야 했다. 하지만 피해자의 몸에 반항의 흔적은 없었고, 피해자가 술을 마시긴 했지만 모텔방에 자기 발로 걸어 들어갔기 때문에 사건 당시 정신을 잃었다는 걸 입증할 증거가 없었다.

남자가 사건 이후 적극적으로 구호 조치를 한 것도 유리한 요소였다. 살인을 계획한 사람이라면 피해자의 확실한 사망을 원하기 마련이다. 만에 하나 피해자가 되살아난다면 살인의 유일하고도 유력한 목격자가 되기 때문이다. 하지만 남자는 모텔 직원에게 사건 발생을 알렸고 여성은 보름 동안 살아 있을 수 있었다. 사건 직전 남자가 자신의 친형과 동생에게 전화를 걸어 함께 술을 마시자고 한 것도 살인을 계획한 사람이라고는 보기 힘든 행동이었다.

이제 분노의 불길은 검찰에서 법원으로 옮겨 붙었다. 지금도 낙지 살인 사건을 검색하면 '낙지 살인 사건 판사'가 연관

검색어로 뜬다. 무죄 사실을 보도한 기사에도 '죽은 사람은 있는데 죽인 사람은 없냐', '변호사는 악마를 변호한 악마 변호사다', '법과 원칙만 찾은 기계적인 판결이다', '재판이 아니라 개판이다' 같은 댓글이 잔뜩 달려 있다.

판결을 내리면서 판사들도 많은 고뇌를 했을 것이다. 사실 민주적 정통성이 가장 취약한 게 사법부다. 선거를 통해 뽑히는 것도 아니니 사법부의 권력 행사에 정당성을 부여하는 건 판결 그 자체뿐이다. 판결이 국민들의 정서를 거스르기 시작하면 이를 빌미로 정치권이나 언론이 사법부를 흔들기 시작하는데, 법원은 마땅히 방어할 방법이 없다. 누군들 영웅이 되고 싶지 않겠는가. 하지만 법원이 선택했던 건, 욕을 먹을 수밖에 없는 무죄추정의 길이었다.

도대체 왜 무죄추정의 원칙을 지켜야만 하는 걸까. 바로 인권 때문이다. 형사재판이라는 게 국가 대 개인의 싸움이라 체급 차이가 어마어마하다. 이 과정에서 사수하려 애를 써도 보장하기 힘든 것이 개인의 인권이다. 하지만 요즘 인권을 얘기하는 것만큼 허무한 일은 없는 듯하다. '흉악범은 인간이기를 포기했는데 무슨 놈의 인권이냐. 도리어 피해자의 인권을 지켜야 한다'는 반론이 대번에 돌아온다. 사실 그 간의 형법이 피해자에게 소홀했던 건 사실이다. 하지만 피고인을 인간 이하로 취급하면 반대급부로 피해자의 인권이 지켜지는 걸까?

무죄추정의 원칙이 중요한 또 다른 이유는 오판 가능성 때문이다. '인간이길 포기한' 진범이 버젓이 밖에 돌아다니고 대신 억울한 사람이 처벌받는 일이 벌어지기도 한다. 나주 성폭력 사건에서도 한 언론사가 전혀 엉뚱한 사람의 얼굴을 범인의 얼굴이라고 공개해 거액을 배상하는 일이 벌어지지 않았는가? 법률가가 무죄추정의 원칙을 중요하게 여기는 이유는 무수한 오판의 역사 때문이다. 법정에서 무죄추정의 원칙이 제대로 관철되지 않았을 때 어떤 일이 생기는지를 보여주는 대표적 사건이 바로 김 순경 사건이다.

모텔 방에서 10대 여성이 사망한 채로 발견됐다. 용의자로 지목된 사람은 전날 함께 투숙했던 애인 김 순경이었다. 김 순경은 아침 7시에 모텔을 나와 출근했는데 피해자의 사망 추정 시각은 오전 3~5시경이었다. 사망한 직후부터 사체는 일정 속도로 체온이 떨어지는데, 수사팀이 측정한 피해자 사체의 온도가 23도였던 것을 역산해서 추정한 것이었다. 둘은 12시 반에서 2시 사이에 술집에서 과일 안주를 나누어 먹었는데, 피해자의 위에서 소화되지 않은 과일이 발견된 것도 사망 추정 시각의 신뢰성을 뒷받침하고 있었다. 음식물이 위에서 소화되는 데 걸리는 시간은 2시간이니, 과일이 위에서 소화되기 전인 2시 반에서 4시 사이에 피해자가 사망했다는 얘기였다. 게다가 새벽 4시쯤 여성이 고함을 지르는 소리가 들렸다는 위층 투숙객의 진술도 결정적이었다.

이런 상황에서 김 순경을 무죄로 대접해주는 건 쉬운 일이 아니다. 아무리 봐도 유죄가 확실하지 않은가? 범행을 부인하는 김 순경으로부터 자백을 받아내기 위해 경찰은 3일 동안 잠도 제대로 재우지 않고 취조하기 시작한다. 결국 경찰의 끈질긴 추궁 끝에 김 순경은 범행을 자백했고 1심, 2심에서 징역 12년 형을 선고받았다.

반전은 어처구니없는 곳에서 일어났다. 몇 년 뒤 강도 혐의로 붙잡힌 10대 소년을 취조하던 경찰은 예전에 모텔에서 여자를 살해한 적이 있다는 자백을 받게 된다. 소년은 길을 걷다 우연히 모텔 열쇠를 줍게 됐고 호기심에 열쇠에 적힌 호수의 방문을 열고 들어가 자고 있던 피해자를 강간하고 살해한 것이다. 경찰이 자기 식구인 김 순경을 감싸기 위해 가짜 범인을 만들어낸 게 아닐까? 그러기엔 소년이 진범임을 확증하는 객관적 증거가 너무 많았다. 일단 사건 이후 피해자의 수표를 소년이 사용한 내역이 있었고, 범죄 현장에 찍혀 있던 족적이 소년의 것과 일치했다. 소년은 범행 현장에 가보지 않고는 알 수 없는 부분까지 자세히 묘사하고 있었다. 그때까지 수감 중이던 김 순경은 무죄 석방되었다.

왜 이런 일이 벌어졌을까? 김 순경이 유죄가 확실하다는 믿음 때문이다. 가장 결정적인 증거였던 김 순경의 자백은 무죄추정의 원칙을 명확히 어긴 가혹 수사의 결과물이었다. 유죄 확정까지 피고인은 무죄라는 법언을 믿고, 김 순경의 부인을 있는 그대로 들어주며 적법한 수사를 했다면 허위 자백은 없었을 것이다.

'과학적'으로 보였던 사망 시각 추정에도 오류가 있었다. 반대 가능성을 무시했기 때문에 벌어진 일이었다. 사건 현장을 처음 발견한 모텔 주인은 환기를 한다는 이유로 창문을 활짝 열었다. 때는 한겨울이라 시신의 온도는 정상보다 훨씬 빨리 떨어졌다. 게다가 피해자는 만성위염 환자였다. 전날 김 순경과 말다툼을 했으니 스트레스로 인해 평소보다 소화가 더뎌졌을 수 있다. 현장에는 정액이 묻은 휴지와 발자국이 있었으나 경찰은 이를 무시했다. 정액이 묻은 휴지는 여러 사람이 드나드는 모텔이라 있을 수 있는 것이라 생각했고 발자국은 현장에 도착한 경찰의 것일 수도 있다고 대수롭지 않게 여긴 것이다.

유죄라는 믿음이 객관적 상황을 한쪽 방향으로 왜곡했고 무죄 가능성을 묵살하게 만든 것이었다. 이를 확증 편향이라 한다. 확증 편향은 사람이 자기가 보고 싶은 것만 보는 현상을 심리학에서 일컫는 용어이다. E, K, 4, 7이 적혀 있는 네 개의 카드를 보여준 뒤 "한 면에 모음이 있으면 다른 면에 짝수가 있다"는 규칙이 맞는지 틀렸는지 확인하기 위해 어떤 카드를 뒤집어야 하는지 물었다. 대부분의 피험자들이 E와 4를 선택했지만, 정답은 E와 7이었다. 앞서 한 가정은 7을 뒤집었을 때 모음이 나오면 무너진다. 4를 뒤집었는데 모음이 나온다 한들 7이 남아 있는 한 무의미하다. 사람들은 기존 생각을 완전히 뒤집을 수 있는 가능성보다는, 기존 생각을 강화하는 쪽을 택한 것이다.

과연 우리나라 판사들은 확증 편향에서 자유로울까? 대법원 지원 하에 이와 관련한 연구가 진행된 적이 있다. 〈법정 의사 결정에서의 판사들의 인지 편향〉이라는 논문으로 정리가 되어 있는데 안타깝게도 법관 집단이 대학생보다 확증 편향 성향이 강한 것으로 나타났다. 하지만 연구 결과에는 '법정 상황에서는 법관의 확증 편향 비율이 낮았다' 라는 흥미로운 단서가 붙어 있다. 연구는 유독 법정에서 확증 편향 비율이 낮게 나오는 원인을 밝히는 데까지는 나아가지 않았지만, 개인적으로 법정에서는 무죄추정의 원칙이 관철되기 때문이 아닐까 생각한다.

만약 진범인 소년이 잡히지 않았다면, 잡혔다 하더라도 순진하게 모텔 살인 사건에 대해 진술하지 않았다면, 김 순경은 영영 살인자라는 누명을 쓰고 살아야 했을 것이다. 실제로 김 순경은 이 사건으로 인해 경찰에서 파면됐고 진범이 잡힐 때까지 몇 년 간 감옥 생활을 해야 했다. 운 좋게 풀려났지만 김순경이 그동안 받은 고통을 지울 수는 없을 것이다. 무죄추정의 원칙을 관철해야만 하는 이유가 바로 여기에 있다.

무죄추정의 원칙을 관철함으로써 치러야 하는 사회적 비용은 0에 수렴하지만, 이를 어김으로써 무고한 사람이 받는 고통은 심대하다. 무죄추정의 원칙을 관철함으로써 발생하는 불이익은 딱 하나다. 판결이 확정될 때까지 짧으면 몇 개월 길면 1~2년 동안 피고인에게 죄를 묻지 않는 것. 그것뿐이다.

때론 법이
죄를 짓기도
한다

──────우리는 법대로 재판했을 뿐

재판에서는 근원에 대한 고민을 하지 않는다. 부부 사이에 이루어진 강제적 성관계나 지하철 몰카 촬영에 대한 재판이 열렸다 치자. '이런 일이 왜 나쁜 일인가? 이런 일은 도대체 왜 벌어졌는가?'와 같은 근본적 논쟁이 재판에서 이루어지는 일은 없다. 재판의 관심은 '강간죄의 성립 범위에 부부도 포함되는가' 혹은 '동영상

카메라로 여성의 치마 속을 몰래 촬영하다 미처 저장 버튼을 누르지 못한 상태로 체포된다면 이걸 몰카 촬영으로 봐야 하는 걸까'와 같은 법조문 해석에 집중된다. 어떤 일에 대한 가치 판단은 유보한 채 어떤 행위가 법에 저촉되는지 따질 뿐이다.

심지어 재판에서는 죄가 무엇인가에 대한 고민조차 하지 않는다. 재판에서의 죄는 '형법에 죄라고 적혀 있는 것' 그 이상도 이하도 아니다. 어느 날 갑자기 정부와 국회 다수당이 힘을 합쳐 '외국인 척결에 관한 법'을 제정한다면 어떤 일이 벌어질까. 일단 검찰은 국내에 있는 외국인들을 잡아다 기소할 것이고, 재판부 역시 이 법에 따라 재판을 진행할 것이다. 나치 치하에서는 실제로 이와 같은 일이 벌어졌다. 유대인 척결, 장애인에 대한 강제 불임 시술 등은 모두 법에 근거를 두고 있었다. 심지어 장애인에 대한 강제 불임 시술 여부를 판정하기 위한 전문 법원까지 설치됐었다. 경우가 다르긴 하지만 우리나라의 경우도 입법 과정에서 인권 침해 논란을 불러 일으켰던 법들 ─ 과거 성범죄자들을 소급해서 신상 공개를 하거나, 화학적으로 거세하는 법 등 ─ 이 집행 과정에서 거부당한 적이 없었다. 도대체 왜 이런 일이 벌어진 걸까. 법조인은 인권의 수호자를 자처하고 있지 않은가.

법원이 법 자체의 정당성에 대해 의문을 던지는 것을 삼가는 데는 이유가 있다. 국민이 선출한 국회가 제정한 법을 행정부나 사법부가 제멋대로 무력화시키는 것은 권력분립이라는 헌법적 가치에 대한 유린이다. 나치 전범 처벌을 위해 열린 뉘른베르크 재판에서 나치가 만든 법에 근거해 재판을 했던 판사들의 "우리는 단지 법대로 재판만 했을 뿐"이란 변명에도 이해할 구석이 없지는 않다.

위헌법률심판제도라는 가능성

재판에 정의가 녹아드는 방식은 크게 두 가지로 볼 수 있다. 하나는 법조문을 해석할 때 헌법적 정의에 근거해 해석하는 방법이다. 여성을 남성의 부속물로 보거나 아내를 남편에 절대 복종해야 하는 존재로 본다면 부부 사이에 강간죄가 성립하는지 고민할 필요조차 없다. 하지만 "혼인과 가족생활은 개인의 존엄과 양성의 평등을 기초로 성립되고 유지되어야 하며, 국가는 이를 보장한다"는 헌법 제36조 제1항의 규정을 고민한다면 부부 사이에도 강간죄를 인정하는 해석의 문이 열린다. 나머지 하나는 바로 헌법재판제도, 그중에서도 위헌법률심판이 아닐까 싶다. 법의 이름으로 악이 행해졌던 나치 독일에 대한 반성으로 2차 세계대전 이후 각국은 헌법재판제도를 도입하기 시작했다. 그중 위헌법률심판제도는 국회가 만든 법이 헌법적 가치를 중대하게 위반할 때 그 법률을 무효화시키는 제도이다.

우리나라에서는 언제 위헌법률심판이 가능할까? 법에 문제가 있다고 바로 위헌법률심판이 열리는 것은 아니다. 우리나라 법은 '재판의 전제성'을 그 요건으로 하고 있다. 쉽게 풀어 말하자면 문제의 법을 적용받아 재판을 받는 당사자와 그 담당 법원만이 헌법재판소에 위헌법률심판을 신청할 수 있다는 뜻이다. 법률이 헌법에 어긋난다면 헌법재판소가 언제라도 이를 무효화해야 하는 것 아닌가? 하지만 그렇게 되면 자칫 헌법재판소가 국회 위에 상왕처럼 군림하게 되는 결과로 이어질 수 있다. 국회가 법을 만들자마자 헌법재판소가 끼어들어 그 법을 무효화시키는 일이 발생할 수도 있다. 독일과 프랑스를 제외한 대부분의 국가에서 위헌법률심판에 재판의 전제성을 요구하는 이유다.

피고인들은 모두 형사재판을 받고 있는 상황이라 모두 재판의 전제성을 충족하고 있다. 마음만 먹으면 자신에게 적용되는 법 조항에 대해 시비를 걸어볼 수 있다. 하지만 헌법재판소에서 실제 위헌법률심판을 받기란 쉬운 일이 아니다. 헌법재판소는 담당 재판부의 제청을 요구하고 있고, 이를 이끌어내기 위해서는 담당 재판부를 법리적으로 설득해야 하기 때문이다. 나 역시 몇 차례 위헌심판 신청을 했으나 모두 담당 재판부를 설득하는 데 실패했다. 그중 몇 가지 사례를 소개해보겠다.

피해자는 오랜 기간 희귀 난치병을 앓고 있었다. 힘든 날이면 연인 관계였던 피고인에게 푸념처럼 죽고 싶다고 했는데 시간이 지날수록 점점 심해졌다. 피고인은 연인을 달래려 애썼지만 소용이 없었다. 급기야 피해자는 음독자살을 시도했고 피고인에게 발견되어 간신히 목숨을 건졌다. 피고인 역시 삶이 힘든 것은 매한가지였다. 사업 실패와 건강 악화로 어려움을 겪고 있던 그에게 연인의 자살 시도는 감당할 수 없는 짐이었다. 피고인은 결국 동반 자살을 택했다. 피고인과 피해자는 마지막 길을 함께할 것을 약속하고 피고인의 집에서 번개탄을 피워 자살을 시도했다. 하지만 다음 날 둘은 멀쩡하게 깨어났다. 방을 완전히 밀폐하지 않아 가스가 밖으로 새어버린 덕분이었다. 하늘의 뜻이라 생각한 피고인은 힘을 내서 열심히 살아보자 했지만, 피고인이 잠시 자리를 비운 사이 피해자는 그대로 밖으로 투신해 자살했다. 홀로 살아 돌아온 피고인을 기다리고 있던 것은 형사처벌이었다.

형법 제252조 제2항은 "다른 사람의 자살을 도운 사람은 징역 1년 이상 10년 이하의 처벌을 받는다"고 규정하고 있다. 피해자가 스스로 투신자살한 점에 대해서는 피고인의 책임을 물을 수 없었다. 검찰이 문제 삼은 것은 함께 죽기 위해 번개탄을 피운 부분이었다. 대법원 판례는 피해자와 동반자살을 시도한 경우를 자살방조로 보고 있다. 자살과 동시에 상대방의 자살을 돕는 것이라는 이유다. 번개탄을 사서 불을 피워 타인의 자살을 도왔으니 자살방조에 해당한다는 것이 검찰의 판단이었다. 다만 실패로 돌아갔으니 자살방조죄가 아닌 자살방조미수가 적용되었다.

동반 자살을 시도하다 살아났으면 다독여주는 것이 사람의 도리 아닌가. 사정이 안타까워 이리저리 연구를 해봤지만 피고인이 무죄를 받을 길은 없어 보였다. 이대로 피고인이 처벌받게 두는 것은 무언가 이치에 맞지 않는다는 생각이 들어 위헌심판제청을 고민하기 시작했다.

형법 규정에 대해 위헌 결정이 나는 경우는 보통 비례원칙 위반이나, 명확성원칙 위반 때문이다. 자살방조죄의 경우 명확성원칙 위반을 문제 삼을 수 있을 듯 했다. 형법 규정은 누가 봐도 분명해야 한다. 허경영 씨의 대선 공약 '불효자는 사형'이 실제 법으로 입법된다 치자. 사람들이 법을 지키고 싶어도 도대체 불효라는 게 뭘 의미하는지 몰라 제대로 지킬 수가 없을 것이다. 그 틈을 타고 힘을 키워가는 것은 아마 수사기관일 것이다. 술을 마시고 귀가가 늦는 사람, 시험 성적이 하락한 학생, 제사를 지내지 않는 사람을 불효자로 몰아 잡아 가두는 일이 벌어질 것이다.

'방조'는 도대체 무얼 의미하는 걸까. 돕는다는 것은 확실하지만 그 의미가 너무 광범위하다. 하지만 재판부를 설득하는 데는 실패했다. '방조'의 의미는 정신적, 물질적으로 자살을 돕는 일체의 행위로 그 의미가 확실하다는 것이 재판부의 판단이었다. 결국 피고인은 유죄판결을 받을 수밖에 없었다. 그나마 집행유예형을 받은 것이 다행이라면 다행이었다.

——— 공직선거법은 비례원칙 위반인가

공직선거법에 대해 위헌심판 신청을 한 적도 있다. 피고인은 살던 집이 재개발 구역에 편입되자 이에 항의하기 위해 자신의 승합차에 LED 전광판을 설치해 '아무개 시장 OUT'이라 적고 돌아다녔다. 문제는 피고인이 시장 선거 기간에도 이를 떼지 않았다는 것이다. 공직선거법 제90조는 "선거일 전 180일 전부터 선거일까지 기간 중에 선거에 영향을 미치게 할 목적으로 광고 시설을 설치하는 행위"를 처벌하도록 하고 있는데 검찰이 LED 전광판을 광고 시설이라 판단했기 때문이다. 피고인은 재개발 지정에 대한 항의였을 뿐 선거에 영향을 미칠 목적이 없었다며 억울해했다. 내가 봐도 억울해 보였다.

민주국가에서 국민이 정부 시책에 항의하는 것은 자연스러운 일이다. 이는 헌법 제1조 제1항 "대한민국은 민주공화국이다", "대한민국의 주권은 국민에 있고, 모든 권력은 국민으로

부터 나온다"는 규정과 헌법 제21조 표현의 자유 규정에 의해 뒷받침되는 헌법상 권리이기도 하다. 평상시에는 허용되던 행동이 민주주의의 꽃이라 할 수 있는 선거 기간에는 금지된다는 것이 아이러니하다. 하지만 공정하고 평등한 선거 역시 표현의 자유만큼이나 중요한 헌법상 가치다. 피고인 입장에서는 납득하기 힘든 처벌 규정이지만 헌법적으로 그 자체를 문제 삼기는 쉽지 않아 보였다.

피고인이 무죄를 받기 위해선 선거에 영향을 미칠 목적이 없었다는 걸 입증해야 했다. 하지만 역시 불가능한 일이었다. 후보자의 이름을 명시할 경우 선거에 영향을 미칠 목적이 있었던 것으로 간주하도록 한 90조 단서 규정 때문이었다. 악법도 이런 악법이 없다. 후보자 이름에 금테라도 둘렀단 말인가. 다른 건 몰라도 단서 규정에 대해서는 위헌심판을 청구해야겠다 마음먹었다. 비례원칙 위반이 그 이유였다.

목적의 정당성, 수단의 적합성, 침해의 최소성, 법익균형성. 이 네 가지를 따져 법 조항의 위헌 여부를 검토하는 비례원칙은 위헌심판의 지배자라 불러도 될 정도다. 위헌 결정의 상당수가 바로 이 원칙 위반 때문이었다. 법이 추구하는 목적은 정당해야 하며(목적의 정당성), 목적을 달성하는 데 해당 법 조항이 효과가 있어야 한다(수단의 적합성). 헌법재판소에서 목적의 정당성과 수단의 적합성이 부정된 예는 거의 없다. 국회에서

정한 목적과 수단을 헌법재판소가 함부로 재단할 수는 없을 것이다. 보통 위헌 판결이 이루어지는 기준은 침해의 최소성과 법익균형성이다. 법이 목적을 달성하기 위해선 상대적으로 기본권을 침해하는 정도가 적은 수단을 사용해야 하며(침해의 최소성), 달성하려는 목적에 비해 다른 원칙에 대한 침해가 너무 커서는 안 된다(법익균형성).

수사를 통해 그 의도를 밝혀낼 방법이 있음에도 후보자 이름을 언급한 것만으로 무조건 선거에 영향을 미칠 의사가 있었다고 보는 건 침해의 최소성 원칙 위반 소지가 있다. 게다가 후보자 이름 언급을 금지한 것은 선거의 공정성을 이유로 표현의 자유를 과도하게 침해한 것이니 법익균형성 원칙 위반 소지가 있다고 봐야 하지 않을까? 하지만 이번에도 재판부를 설득하는 데 실패했다. 재판부가 90조 단서는 이 사건에 적용되지 않는다고 보았기 때문이다. 재판부는 해당 조항 없이도 피고인에게 선거에 영향을 미칠 목적이 있었음을 인정할 수 있다 보았고, 90조 단서는 재판 전제성이 없어 위헌심사의 대상이 되지 않는다며 제청을 거부했다. 결국 피고인은 벌금형을 받아야 했다.

내가 이렇게 실패담을 쌓아가고 있을 무렵 특가법(상습절도)에 관한 위헌 결정이 있었다.

적정한 죗값이란 과연 얼마일까. 정하기 쉽지 않다. 사기를 쳐서 1억 원을 빼앗은 사람에 대한 적정한 죗값은 얼마일까? 벌금 1억 원? 징역 1년? 무엇이 맞고 무엇이 틀리다고 할 수가 없다. 다만 다른 죄와 비교해서 형량이 적정한지를 따져볼 수는 있다. 사람을 죽인 사람이 5년 형을 받는데 사람을 때려 눈을 멀게 한 사람이 7년 형이라면 뭔가 문제가 있는 것은 확실하다. 이런 면에서 상습절도죄에 대한 형량은 가혹했다.

초범 기준으로 강도상해죄가 보통 3년 6개월에서 4년 형, 강간죄가 3년 정도, 살인미수가 3~5년 정도인데 상습절도범의 경우에는 2~4년 형이 보통이었다. 왜 이런 일이 벌어진 걸까? "상습적으로 형법 제329조부터 제331조까지의 죄 또는 그 미수죄를 범한 사람은 무기 또는 3년 이상의 징역에 처한다"는 규정 때문이다. 상습절도의 경우 법정 최저형이 3년이다. 재판장 재량으로 최저 법정형의 절반까지 깎아도 1년 6개월이 최저형이었다.

유독 상습절도에 대한 법정형이 높은 이유는 무엇이었을까. 아무리 찾아봐도 그 이유를 찾을 수 없었다. 해당 조항이 만들어질 때 아무런 사회적 논의가 없었기 때문이다. 해당 조항은 1980년 군사정권이 세운 국가보위입법회의에 의하여 개정되었다. 개정 이유를 "강도, 절도범 등 불량배는 날로 그 수법이 지능적이고 대담하며 조직적이고 상습적으로 자행될 뿐만 아니라, 심지어 인명을 살상함으로써 사회 불안을 조성하고 있음에 비추어 상습적이고 조직적인 강, 절도범이나 누범자에 대하여는 처벌 규정을 대폭 강화하여 동同사범을 엄단하고 사회 정화를 기하려는 것"으로 들었지만, 아무리 찾아봐도 당시 절도범의 수법이 얼마나 조직적이었는지 알 수가 없다.

상습절도범을 변호할 때마다 드는 느낌은 하나같이 순하다는 것이다. 주변 변호사들도 비슷한 의견이다. 이들을 아무리 나쁘게 묘사한다 해도 사회부적응자, 일탈자 정도지 결코 악당이라고 할 수가 없다.

일단 절도범들은 자신의 범죄에 특별히 공을 들이지 않는다. 전과가 쌓여도 수법은 매번 비슷하다. 밤에 시장 빈 가게에 들어가 시재금을 들고 나오는 수법으로 절도를 시작한 사람은 머리가 허예지도록 같은 수법으로 교도소를 드나든다. 한때 대도라고 불렸던 조세형 역시 언제나 노루발못뽑이로 창문을 뜯어내는 수법으로 범행을 반복했다. 자신의 수법에 대해 고민하거나 연구하는 경우를 보지 못했다.

상습절도범들은 무엇에 홀린 듯 범행을 저지른다. 출소한 지 한 달 이내 때로는 일주일도 지나지 않아 다시 범행을 저지르기 일쑤다. 큰 돈을 훔치는 것도 아니다. 동전 몇 개를 훔치려고 도둑질을 하는 경우도 많다. 당장 알바 자리를 구해도 그보다는 많이 벌지 않을까? 도무지 이해가 가지 않아 겨우 이거 벌려고 도둑질을 했냐고 물으면 마치 남의 일인양 "제가 왜 그랬는지 모르겠다"며 웃는 게 전부다. 상습절도범들의 상당수는 일종의 정신 질환을 앓고 있는 것으로 봐야 한다는 연구 결과까지 있다. 아직 이에 대한 명확한 연구가 이루어지지는 않았지만, 그들에게 필요한 것은 처벌이 아니라 치료라 확신하고 있다.

상습절도범은 변호하기도 정말 쉽다. 자신의 혐의에 대해 다투는 경우가 드물고, 체포된 뒤에는 경찰이 파악하지도 못한 다른 죄까지 몽땅 털어놓기 일쑤다. 부끄러운 일이지만 상습절도 피고인의 경우 다른 사건에서 제출했던 의견서를 이름만 바꿔 법원에 제출할 때도 있다. 그럴 수밖에 없는 건 항상 할 말이 없었기 때문이다. 동종전과가 이미 수두룩한데, 출소한 지 얼마 안 되서 범행을 저지르고, 피해 변제도 되지 않으니 의견서에 쓸 말은 '자백하고 반성하고 있다'가 전부다.

2015년 2월 26일 헌법재판소는 일명 '장발장법'이라 불렸던 특가법상 상습절도 조항에 대해 위헌 결정을 했다. 통상의 형사처벌에 비해 현저히 균형을 잃었다는 이유에서였다. 결정문을 읽고는 미안함에 고개를 제대로 들 수 없었다. 내 피고인이 동전 몇 개 훔치고 3~4년이라는 가혹한 형을 받을 때 왜 한번도 이상하다 생각하지 않았던 걸까. 그동안 대충 처리해서 흘려 보냈던 피고인들 얼굴이 떠올랐다. 나는 왜 이 규정에 대해 위헌심판 제청을 할 생각을 못 했던 것일까.

1980년 국보위는 절도죄에 대해 가중처벌하는 규정 외에 악법이라 불리는 온갖 법을 쏟아냈다. 정치적 라이벌에 대한 탄압을 뒷받침하는 법률, 언론 통제를 뒷받침하는 법률 등이었다. 하지만 이 법들은 87년 항쟁 이후 시간 차를 두고 모두 사라졌다.

왜 상습절도범에 대한 중벌 조항만 가장 늦게 위헌 결정을 받은 걸까. 아마도 이들의 처지를 공감하고 대변해줄 사람이 없었기 때문이 아닐까. 부당한 처벌을 받는 자가 정치인, 해직 기자, 대학생이 아니라 절도범이었기 때문에.

사람이 아니라 제도가 악을 저지르기도 한다. 이 악은 언젠가는 사라진다. 이것이 바로 역사에 대한 믿음이다. 물론 여전히 온도 차는 존재하지만 말이다.

보편적 상식이라는
함정

형사 재판 에 서
가 장 강 력 한 증 거

──────── 기무사 민간인 사찰 사건의 사례

형사소송법 제308조는 "증거의 증명력은 법관의 자유
판단에 의한다"라고 규정하고 있다. 쉽게 말해 어떤 증
거를 믿을지 안 믿을지는 법관의 자유에 달려 있다는
뜻이다.

하지만 막상 형사재판을 해보면 제일 힘이 세면
서도 뒤집기 힘든 증거가 있다. 바로 의사의 진단서다.

피해자에 대한 진단서가 제출되는 순간 사건의 성격이 180도 변할 정도로 힘이 세지만 그 내용이 의심스럽다 해도 여간해서는 뒤집기 어렵다.

진단서의 무서움을 잘 보여주는 사례가 바로 '기무사 민간인 사찰 사건'이다. 2009년 8월, 당시 민주노동당 소속 이정희 의원이 국회에서 기자회견을 열어 "국군 기무사가 민간인에 대한 불법 사찰을 자행했다"고 주장했다. 이 의원은 기무사 소속 군인의 신분증, 수첩과 그가 소지하고 있던 카메라 메모리카드를 증거로 제시했다. 평택에서 열린 쌍용자동차 관련 집회 도중 한 참가자가 거동이 수상한 사복 차림의 남자에게서 빼앗은 물건이었다. 수첩에는 시민 단체 관계자들과 민주노동당 당직자 등 민간인들의 주소, 차량 번호 및 행적이 날짜별로 정리되어 있었고, 메모리카드에는 이들을 미행하면서 찍은 사진이 있었다.

기무사는 즉각 반박 성명을 내 "국가보안법 위반 혐의가 있는 장병 8명이 휴가 기간 평택 집회에 참가했는지 여부를 확인하기 위해 적법한 채증 활동을 벌이던 중 시위대로부터 집단 폭행을 당하고 소지품을 빼앗겼다"고 주장했고, 나아가 해당 군인은 집회에 있던 사람 중 A씨를 지목해 고소했다. 그가 자신을 때리고 수첩과 카메라를 빼앗았다는 이유였다. A씨는 군인을 때린 적도 카메라를 빼앗은 적도 없다고 주장했지만 검찰은 군인의 고소가 타당하다 생각해 A씨를 기소했다. 1심 법원은 '국가보안법 위반 장병을 관찰했다'는 군인의 주장은 받아들이지 않았다. 공무집행방해죄가 성립하려면 방해 대상이 된 공무가 적법한 것이어야 한다. 그런데 법원은 군인이 적법한 공무 수행 중이 아니었다 판단하면서도 A씨의 유죄를 인정해 3년 6개월의 실형을 선고했다.

문제는 군인을 '때리고' 카메라를 빼앗은 혐의였다. 사람을 때리고 물건을 빼앗으면 강도죄에 해당한다. A씨의 죄명이 단순강도에 그쳤으면 3년 6개월의 실형까지는 가지 않았을 가능성이 높다. 강도죄의 법정형은 3년 이상의 유기징역이지만 피해자와 합의를 했거나 피해가 경미하거나 전과가 없는 등의 참작할 사유가 있으면 재판장의 재량으로 1/2까지 감경이 가능하고 그러면 집행유예형에 그칠 수 있다. 3년 이하의 형을 받을 경우 집행유예형이 가능하기 때문이다.

A씨의 죄명은 강도상해죄였다. 강도죄가 강도상해죄가 되는 순간 죄의 성격이 완전히 바뀐다. 강도상해죄의 법정형은 7년이다. 재판장이 재량을 발휘해 정상참작이 된다 해도 3년 6개월 이하로는 형이 내려갈 수 없어 집행유예가 절대 불가능해진다. 군인의 진단서에는 '뇌진탕, 목과 허리에 통증과 염좌 전치 20일'이라 기재되어 있었다. 진짜로 군인은 20일 간 치료가 필요할 정도로 다친 것일까? 진단서에는 군인이 머리와 허

리 통증을 호소했다는 것만 기재되어 있었다. 오히려 엑스레이나 CT 촬영 상에서는 별다른 증상을 발견할 수 없었다. 하지만 1심 판결은 A씨에 대해 강도상해죄를 인정했다. 군인이 상해를 입은 사실을 인정한 것이다. 여러 가지 정상참작 사유를 인정해 형을 법정형의 절반으로 깎아주었지만 3년 6개월이 한계였다.

3년 6개월의 실형은 상당히 중한 형이다. 우리나라 법정에서 실형이 나오는 것 자체가 쉬운 일이 아니다. 2015년 1심 판결 및 결정수가 총 267,077건인데 이 중 실형이 나온 건은 51,773건이다. 5건 중 1건인 셈이다. 제일 많은 것은 벌금형 85,606건이고 그 다음이 집행유예 73,675건이며 무죄, 선고유예, 공소기각 등이 나머지를 채우고 있다. 그럼 3년 6개월이 얼마나 중형일까? 내가 여태껏 맡았던 사건과 비교하자면, 자신의 범행을 경찰에 신고했다는 이유로 사람을 때려 죽인 경우가 실형 4년이었고 말다툼 끝에 회칼로 얼굴과 배를 찔러 살인미수 혐의를 받은 것이 실형 5년이었다.

군인이 제출한 진단서를 곧이곧대로 믿을 수 있을까? 자세히 들여다보면 진단서는 아프다고 주장하는 군인의 말을 다시 한번 반복해 기재한 것에 지나지 않는다. 진술 외에는 군인이 아프다는 것을 뒷받침할 별다른 근거가 없다. 하지만 법원은 군인이 상해를 입었다는 것을 인정했다. 기무사의 거짓말을 자신 있게 걸러낸 법원이 뭔가 석연치 않은 의사의 진단서는 걸러내지 못한 것이다. 차라리 A씨 입장에선 그 반대가 나왔다. 법원이 의사의 진단서를 걸러내고 기무사의 거짓말을 걸러내지 못했다면 A씨에게 적용되었을 법 조항은 3년 이상의 법정형이 규정된 특수공무집행방해치상이었다. 이는 앞서 말한 강도죄의 법정형과 같고 정황상 집행유예의 가능성이 상당했다.

다행히 A씨는 2심에서 강도상해죄에 대해서는 무죄를 받았다. A씨에게는 민간인 사찰의 증거를 확보하기 위한 목적이 있었을 뿐 재물을 취득할 의사가 없었으므로 그의 행위를 강도로 평가할 수 없다는 이유였다. 형도 실형 3년 6개월에서 징역 1년 집행유예 2년으로 대폭 감형되었다. 하지만 법원은 여전히 군인의 상해 사실에 대해서는 인정했다. A씨의 죄명은 강도상해에서 '폭력 행위 등 처벌에 관한 법률 위반(공동상해)'으로 바뀌었다. 수많은 증거가 명멸하는 가운데 유독 진단서만 살아남은 것이다.

A씨의 사건이 공안 사건이기 때문에 이 같은 일이 벌어진 것은 아니다. 진단서 진단 결과는 뒤집기 아주 어렵다. 흔하디흔한 동네 싸움에서도 진단서만 나오면 사건의 성격이 완전히 바뀌곤 한다. 내가 변호했던 사건에서도 매번 이런 일이 벌어졌다.

피고인은 다방 여 사장과 사랑에 빠졌다. 그런데 둘의 사랑을 질투한 80대 건물주가 자꾸 방해를 하곤 했다. 피고인이 다방 사장님을 만나러 올 때마다 "간판을 길거리에 내놓지 마라", "쓰레기를 제대로 버려라", "젊은 놈이 일은 안 하고 대낮부터 다방에서 시시덕대냐"며 둘을 괴롭힌 끝에 피고인을 고소하기에 이르렀다. 말다툼 끝에 피고인이 자신을 밀어 다쳤다는 이유였다. 피고인은 무척이나 억울해했다. "제대로 걷지도 못하는 노인네 어디 때릴 데가 있냐. 가래침을 얼굴에 뱉은 적은 있지만 털끝 하나 건드리지 않았다. 만약 내가 때렸으면 그 정도로 그쳤겠느냐"는 것이었다.

피고인의 주장은 타당해 보였다. 피고인은 키가 큰데다 중량급 복서처럼 몸이 탄탄했다. 게다가 피해자인 건물주는 말할 때마다 그 내용이 오락가락했다. 당시 내가 정리한 내용을 그대로 붙이면 다음과 같다.

2011.10.21(고소장)

———— 피고인과 다방 주인이 집단적으로 자신의 안면을 폭행했다.

2011.10.21.(진술조서, 경찰)

———— 피고인이 자신을 밀었다.

2011.10.21.(피고인 진술서 작성 중 대질, 경찰)

—— "사실 이 사람이 제 가슴을 주먹으로 때린 것 같지는 않은데 두 주먹을 쥐면서 제 가슴을 민 것 같아서 주먹으로 때렸다고 과장되게 표현한 것 같네요."

2011.11.25.(진술조서, 검찰)

—— 피고인이 기둥으로 밀어붙이고 주먹으로 가슴을 3~4대 때리고 손으로 가슴을 밀었다.

하지만 결론은 유죄였다. 죄명은 상해죄. 이 사건에서 제출되었던 진단서 역시 무척 의심스러웠다.

피해자는 두 번 진단서를 제출했다. 사건 직후 제출한 진단서에는 '우측 어깨 및 우측 등 부위 손상, 좌상', '양측 뺨 손상'이 기재되어 있지 않았는데 한 달 후에 제출된 두 번째 진단서에는 기재되어 있었다. 맞은 이후에는 없던 상처가 사건 발생 한 달 후에야 갑자기 생겼다는 게 말이 되는가? 수상한 점은 이에 그치지 않았다. 처음 진단서에는 피해자가 왼쪽 갈비뼈 2, 3번에 골절의증이 있다고 했는데, 두 번째 진단서에는 왼쪽 갈비뼈 3, 4번에 골절의증이 있다고 기재되어 있었다. 골절이 이사라도 다닌단 말인가? 게다가 '의증'이라고 하면 뭔가 있어 보이지만 사실 그냥 의심스럽다는 얘기에 지나지 않는다.

진단서를 작성한 의사를 증인으로 불러 왜 의증이라고 썼느냐 추궁하자 엑스레이상으로는 보이지 않지만 환자가 통증을 호소해서 기재한 것이라고 했다. 환자의 진술에만 의존해 진단서가 작성되었다는 점에서 기무사 민간인 사찰 사건과 비슷하다. 그럼 의심이 들었는데 왜 깁스나 압박 코르셋과 같은 장치를 해서 추가 손상을 방지하는 조치를 취하지 않았느냐 추궁했지만 "그 정도까지는 아닌 것으로 보였다"는 답이 돌아왔다. 더 물을 말이 없었다.

상해 진단서가 제출되지 않았다면 피고인의 죄명은 상해죄가 아니라 폭행죄였을 것이다. 폭행죄의 경우 피해자와 합의하면 공소기각 판결이 난다. 쉽게 말해 아예 없던 일로 친다는 뜻이다. 설사 피고인이 때린 게 맞다 해도 진단서가 제출되지 않았다면 피해자와 합의해서 아예 없던 일로 만들어볼 여지가 있었던 것이다.

도대체 왜 이런 일이 벌어지는 걸까. 진단서는 해당 분야의 전문가가 자신의 의견을 진술한 감정서의 한 종류다. 결국 의사의 주관이 상당 부분 개입될 수밖에 없다. 진단서의 이러한 성격은 최근 논쟁이 벌어지고 있는 백남기 씨 사망 사건에서도 잘 드러난다. 2015년 11월 14일 백남기 씨는 시위 도중 경찰의 물대포를 맞고 쓰러졌다. 백 씨는 이후 뇌출혈 증세를 보여 4시간에 걸친 수술을 받았으나 의식불명 상태에 빠졌고 2016년

9월 25일 사망했다. 경찰의 물대포가 원인으로 지목될 경우 자연스레 정권의 책임 논란으로 이어질 상황에서, 담당의사가 사망진단서에 기재한 직접 사인은 '심폐정지'였다. 심장과 폐가 멎지 않고도 사망하는 경우가 있나? 심폐정지란 사망 원인에 대한 설명이 아니라 사망의 동어반복일 뿐이다. 당연히 사망진단서의 적절성을 두고 논쟁이 벌어졌고 글을 쓰는 현재까지 여전히 진행 중이다. 백 씨에 대한 사망진단서의 적절성을 떠나, 이에 대해 논쟁이 가능하다는 것 자체가 진단서의 주관적 측면을 잘 보여준다 할 수 있다.

더군다나 진단서에 기재되는 의견은 '최종 결론'이 아니라 '추정'이 대부분이다. 진단서에는 '임상적 추정' 진단서와 '최종 진단' 진단서 두 종류가 있다. 임상적 추정 진단서는 환자의 말에 기초해 의사가 자신의 추정을 적은 진단서이고, 최종 진단서는 환자의 말뿐만 아니라 객관적 검사 결과가 뒷받침되어야만 발급되는 진단서이다. 둘 중 형사재판에 주로 제출되는 진단서는 무엇일까? 놀랍게도 전자다. 지금껏 형사재판에 최종 진단서가 제출되는 것은 거의 본 적이 없다. 사실인지 아닌지도 의심스러운 '머리가 울린다'는 주장에 근거해 작성된 추정적 진단서를 믿고 피해자에게 뇌진탕이 발생했다 인정하고 있는 것이 지금의 현실이다.

추정 진단서가 모두 최종 진단서로 대체된다 하더라도 따져봐야 할 문제는 여전히 남는다. 흔히 쓰이는 '전치 몇 주'란 도대체 무얼 의미하는 걸까? 현재 법원에서는 주수가 크면 클수록 더 중한 상해가 발생한 것으로 보고 있다. 하지만 정작 의료계의 생각은 다르다. 진단서의 신뢰성이 자꾸 문제가 되자 2015년 초 대한의사협회에서 제정한 '진단서 등 작성 교부 지침'의 한 대목을 인용해보겠다.

"관, 검사, 수사관, 보험회사 직원 등은 의학 지식이 없으므로 손상의 경중을 치료 기간이 길고 짧음으로 판단하려고 한다. 치료 기간이 길면 중한 손상이고 짧으면 경한 손상이라고 간주한다. 일견 그럴 듯하지만, 근본이 다르다.(중략) 중한 손상이 치료하기에 오래 걸리기는 하지만 치료에 걸리는 기간은 손상의 경중보다는 손상받은 장기나 조직에 따라 다를 수 있다. 극단적인 예로 '외상성 비장 파열'은 응급수술을 하지 않으면 사망할 수도 있는 중한 손상이지만, 입원하여 응급으로 비장봉합술을 받더라도 진단서 작성 지침에 따르면 치료 기간이 4주이고, 생명에 위험이나 입원할 필요도 거의 없는 콜리스 골절은 7주에 해당한다. 치료 기간만으로

손상의 경중을 판단하려는 일반인들은 콜리스 골절을 비장
파열보다 더 중한 손상으로 간주하게 된다."

콜리스 골절은 빙판 등에 미끄러져 손을 바닥에 잘못 짚었
을 때 손목 등에 생기는 골절을 말한다. 전치 기간에 따라 손
상의 경중을 판단하는 현재 관행대로라면 손목 골절이 비장
파열보다 훨씬 심한 상해가 되는 것이다.

'전치'라는 개념 역시 불분명하게 쓰이고 있다. 다시 대한
의사협회의 진단서 발급 기준을 인용해보겠다.

"치료 기간이란 의사가 적극적으로 의학 지식과 기술 등을
사용하고 필요하면 의약품이나 시설을 사용하여 환자가 부
상하기 전 상태로 돌이키거나 또는 부상 상태가 더 이상 악
화하지 않도록, 즉 고정하도록 하는 데 걸리는 시간이다. 일
반적으로 치유 기간은 치료 없이 손상이 저절로 회복되는
기간이다. 일반적으로 치유 기간은 치료 기간보다 길다. 예
를 들어 주먹으로 맞아서 얼굴에 멍이 들었다면, 특별히 치
료할 필요가 없다. 저절로 낫기를 기대하는 수밖에 없는데,
만약 상해 진단서 교부를 요구한다면, 치료 기간이 2주일 수

있다. "치료"할 수 없는데 "치료 기간"은 2주다. 엄격하게 말하자면 치료 기간은 "0주, 다만 치유 기간은 2주"라고 해야 한다. 현실에서 치료 기간 0주면 손상이 없는 것과 마찬가지로 취급한다. 그러니 손상이 있으면 무조건 치료 기간을 1주 이상 기재해야 하는 어려움이 있다."

치료를 받아야 하는 기간과 치유까지 걸리는 기간은 엄연히 다르다. 그러나 법정에 제출되는 진단서를 보면 치료 기간과 치유 기간을 구분하지 않고 있다. 시비 중에 상대방이 밀치는 바람에 목을 삐끗했다고 주장하는 사람의 경우 보통 경추염좌 2주 진단을 받아 오는데, 진단서만으로는 이 2주가 치료 기간인지 아니면 그냥 놔둬도 자연스럽게 2주 후에 치유된다는 것인지 명확하지 않다. 중대성이 하늘과 땅 차이인데 이를 구분하지 않는 셈이다.

또 다른 근본 원인으로는 의학 자체의 한계를 꼽을 수 있을 것 같다. 2008년 국립과학수사연구원이 도입한 마디모MADYMO라는 프로그램은 현대 의학이 의심스러운 진단서에 제대로 대응하지 못하고 있음을 역설적으로 보여준다. MAthematical DYnamic MOdels의 준말인 마디모는 네덜란드 응용과학연구소에서 개발한 교통사고 상황 재현 프로그램이다.

교통사고 당시 도로의 흔적, 차량 파손 상태 등에 근거해 이 정도 사고에서 사람이 다칠 수 있는지 없는지를 판정해주는 프로그램이다. 이 프로그램이 도입된 이유는 경미한 접촉 사고에도 뒷목을 붙잡고 드러눕는 가짜 환자들이 많기 때문이다.

의사들이 꾀병 환자를 잘 구분해냈다면 왜 이 프로그램이 도입되었겠는가. 교통사고 당시 외부의 흔적(도로 흔적, 파손 상태)을 통해서만 환자의 부상 정도를 가늠해볼 수 있다는 건, 진단서 그 자체로만 놓고 봤을 때는 신빙성을 평가하기 어렵다는 말이 된다. 마디모의 결과를 두고서도 '엄연히 개인차가 있는데 억울한 피해자를 꾀병 환자로 몬다'는 반론이 있는 판이다. 병원에서 못 골라내는데 법원에서 이를 골라낼 방법이 있을 리 없다.

꾀병 환자를 완벽히 골라낼 수 없는 한계가 있다지만 이대로 손 놓고 있을 수는 없다. 일단 형사법정에서라도 '임상적 추정 진단서'를 내몰아야 한다. 혹은 검찰, 법원 등과 의료계가 논의하여 현재 불분명하게 작성 제출되고 있는 진단서 대신 사법기관용 진단서 양식을 마련하는 방법도 있을 것이다. 구체적 기준은 다시 논의해야 하겠지만, 환자 본인만 주장하는 자각 증세와 객관적으로 관찰되는 타각 증세, 치료 기간과 치유 기간 정도는 명확히 구분해야 하지 않을까 싶다.

치트키Cheat Key라는 것이 있다. 컴퓨터 게임 중에 특정한 조작을 하거나 특정 문단을 입력하면 플레이어를 무적으로 만들어주거나, 진행 중인 단계를 클리어해주거나, 특정한 아이템을 획득하게 해주거나, 숨겨진 기능을 사용할 수 있게 해주는 일종의 속임수다. 이대로 가면 진단서를 형사재판의 치트키라 불러야 할 것이다. 둘 사이에 차이가 있다면 일부 게이머들 사이에서 비밀리에 공유하는 치트키와 달리, '누구라도 당장 병원에 달려가기만 하면 전치 2주짜리 진단서를 발급받을 수 있다'는 것은 국민적 상식에 가깝다는 점 아닐까?

사랑이었을까
폭력이었을까

───── 장애인에 대한 형법의 무관심

우리나라에는 '조선족'이라 불리는 중국 동포가 많을까, 장애인이 많을까? '당연히 조선족'이라 답하는 사람이 많겠지만 2015년 기준 전국의 장애인은 249만 명(보건복지 통계─장애인 등록현황)으로 우리나라에 들어와 있는 중국 동포 70만 명의 3배를 넘는다.

중국 동포들이 서비스업에 많이 종사하다 보니 마

주칠 기회가 많고 그래서 실제 숫자보다 훨씬 많게 느껴질 수 있다. 하지만 만원 버스 안, 인기 있는 극장 상영관 안, 사람들로 꽉 찬 에스컬레이터 등 일상생활을 하며 장애인을 본 기억이 별로 없다. 우리 인구가 5천만 정도이니 250만 장애인을 확률상 20명당 1명꼴로 마주쳐야만 한다. 사람이 붐비는 곳 어디를 가든 한 명 이상은 만났어야 한다는 말이다.

내가 장애인을 많이 만난 건 국선변호사로 일하면서부터다. 그리고 장애인을 쉽게 구별할 수 있다 생각한 것 자체가 무지의 소치임을 깨닫게 되었다. 형량을 줄이는 데 도움이 될 만한 사정을 찾으려고 피고인들을 상대로 부양가족은 몇이나 되는지, 아픈 곳은 없는지, 이것저것 물으며 호구조사를 하곤 하는데 대충 20명 중 1명꼴로 자신의 장애인 복지카드를 꺼내곤 했다. 흔히 지체장애, 시각장애, 청각장애, 지적장애 정도만 장애라 생각하지만 장애의 종류는 훨씬 많다. 뇌병변장애, 언어장애, 안면장애, 신장장애, 심장장애, 간장애, 호흡기장애, 장루·요루 장애, 간질장애, 자폐성장애, 정신장애……. 장애인 본인이 스스로 장애 사실을 밝히기 전에는 그 사실을 알 수 없거나 혹은 우리가 장애라 생각하지 않는 것들도 장애로 분류된다. 나 역시 국선변호일을 하고 나서야 알게 된 사실이다.

형법 역시 나만큼이나 장애인에 대해 무관심한 듯하다. 형법과 각종 형사특별법에는 천 개가 넘는 조항이 있지만 장애인과 관련된 조항은 2010년 이후에야 입법된 단 두 조항뿐이다. 성인이 19세 미만의 장애청소년과 성관계를 한 사실 자체만으로 처벌하는 조항(아동청소년의 성보호에 관한 법률 제8조)과 장애인을 강간하거나 혹은 장애를 이용하여 장애인과 성관계를 가진 사람 등을 처벌하는 조항(성폭력 범죄의 처벌 등에 관한 특례법 제6조)이 전부다. 장례식과 제사를 방해한 경우를 대비한 처벌 규정인 형법 제158조까지 두고 있는 형법이 장애인에 대한 법은 뒤늦게 단 두 조항을 추가한 것이, 법이 필요 없을 만큼 우리 사회가 장애인이 살기에 평화로워서는 아닌 듯하다.

——— 장애인 대상 성범죄 재판의 모순

장애인을 대상으로 한 범죄 가해자의 편에 선 적도 많다. 5년간 성폭력 전담 재판부를 담당하다 보니 장애인을 상대로 한 성범죄 사건을 여러 차례 맡았다. 피해자의 대부분은 지적장애 여성들이었다. "사회적 약자를 도와주는 의미 있는 일을 하시네요"라는 인사를 들을 때마다 가장 먼저 떠오르는 것이 이런 사건들이다. 나는 군이 따지자면 손가락질 받는 사람들을 많이 변호하고 있는 입장인데 인사치레라 해도 이걸 가만히 듣고 있어야 하나 고민스럽다.

성범죄 특히 강간에는 목격자가 있는 경우가 드물다. 단둘이 있는 곳에서 벌어지다 보니 혐의를 입증할 증거는 피해자의 진술뿐이다. 그래서 엄격히 따지고 들면 성폭력 범죄 가해자의 상당수를 처벌할 수가 없게 된다. 대법원에서는 피해자의 진술이 구체적이고 일관되면 피해자의 진술만으로도 가해자를 처벌할 수 있도록 해 이 문제를 해결하고 있다.

증거가 없어서 곤란한 건 피고인도 마찬가지다. 증거가 없다 보니 피해자 진술의 신뢰성을 깎아 들어가는 것 말고는 마땅한 방어 방법이 없다. 지적장애인의 경우에는 대부분 진술이 구체적이지 않고 일관되지도 않은데, 이런 사정을 뻔히 알면서 지적장애인 진술의 신빙성을 공격해야 하는 것이 변호인의 숙명이다.

국선전담변호사 초년 시절 50대 피고인을 변호한 적이 있다. 피고인은 결혼을 하자며 30대 지적장애 여성을 유인해서 일주일 간 자신의 집에 감금해놓고 거의 매일 성폭행한 혐의를 받고 있었다. 구체적으로는 평소 먹는 간질약 기운 때문에 항거 불능 상태에 있는 피해자를 준강간한 혐의였다. 피고인은 단 두 번만 성관계를 했을 뿐이고 그것도 합의하에 한 것이라며 억울해했다. 증거는 피해자의 진술뿐이었고 DNA검사 결과도 전혀 제출되지 않은 상태였다. 피고인의 경우에는 성관계 자체를 부인하는 것이 아니었기 때문에 설사 피해자의 신체에서 피고인의 DNA가 검출됐다 하더라도 이를 유죄의 증거로 쓸 수 없긴 했다.

피해자가 무슨 억하심정으로 '결혼을 결심했던' 피고인을 성폭행범으로 몰겠는가. 피고인에게 피해자가 피고인을 모함할 이유가 있냐 물으니 묵묵부답이었다. 어쩌겠는가. 국선변호인인 내가 사건을 포기하면 누가 이 사건을 맡겠는가. 피고인의 주장에 석연치 않은 구석이 있어도 그에 맞춰 변호를 할 수밖에 없다.

피고인이 부인하는 이상 유일한 증인인 피해자를 법정에 불러내 증인신문을 해야 했다. 수사기록을 읽어보니 피해자와 제대로 대화가 가능할지조차 의심스러웠다. 그때가 내 생애 첫 대질신문이었다. 데뷔전치고는 너무 가혹하다는 생각이 들었다. 하지만 마음을 다잡아야 했다. 어쨌든 피해자는 여러 번 진술 번복을 했었다. 조사를 받을 때마다 성폭력 횟수는 매번 바뀌었고, 피해를 입었다는 사실만 일관됐을 뿐 구체적인 상황에 대해서는 전혀 진술하지 못하고 있었다.

법정에서의 대질신문을 마친 심경은 이루 말할 수 없이 복잡했다. 나 역시 피고인이 의심스러웠다. 하지만 피해자의 진술은 도저히 피고인에게 유죄를 선고할 근거가 될 수 없었다. 결정적으로 피해자가 먹었다는 간질약이 문제였다. 피고인의 혐의가 간질약 부작용으로 정신이 없는 피해자와 성관계를 가진 것이라면, 검찰 측에서는 피해자가 당시 간질약 때문에 항거 불능 상태에 있었다는 것을 입증해야 했다. 하지만 증인으로 나온 피해자에게 "매일 그 약을 먹냐", "오늘 아침에도 먹었냐"라고 묻자 피해자는 모두 "예"라고 답했다. 증인신문은 오전에 이루어졌다. 만약 검찰의 주장대로 피해자가 사건 당시 간질약 때문에 항거 불능 상태에 빠졌던 거라면, 역시 약을 먹은 직후에 하는 증인신문도 불가능해야 앞뒤가 맞는다. 내가 담당한 피고인이 무죄를 받을 가능성이 높아진 건 다행이었지만 나는 기뻐할 수 없었다.

재판부의 판단은 유죄였다. 피고인은 징역 4년 6개월을 선고받았다. 재판부의 입장을 한 문장으로 요약하면 '피해자가 지적장애인임을 감안해야 한다'였다. 사실 증인으로 나온 피해자는 진실해 보였다. 말의 감옥에 갇혀 자신이 겪은 일을 제대로 표현하지 못하는 답답함과 억울함이 그대로 느껴졌다. 내 질문에 말이 막힐 때 피해자는 큰 소리로 꺽꺽 울기까지 했다. 증언의 신빙성을 판단할 때는 증언 내용뿐 아니라 증인의 태도, 눈빛 등을 종합해 판단한다. 수많은 모순에도 불구하고 피해자의 손을 들어준 재판부의 판단이 잘못됐다 할 수 없었다.

하지만 이를 두고 정의 구현이 됐다 마냥 좋아해야 할까? 재판부가 피해자의 손을 들어준 것 같지만 어찌 보면 원님재판이기도 했다. 유일한 증거인 증인의 진술 내용이 앞뒤가 맞지 않는 상황을 넘어서서, 증인은 사건 당시 먹은 것과 똑같은 간질약을 먹었는데도 멀쩡하다는 걸 재판정에서 직접 보여줬다. 그럼에도 재판부가 피고인에게 유죄를 선고한 것은 지적장애인 사건에서는 증거 없이도 피고인을 처벌할 수 있다고 선언한 것이나 마찬가지였다. 지적장애인에 대한 성폭력 가해자를 만나면 변호에 전력을 다하는 것보다 '무죄추정의 원칙을 엄격히 적용하는 재판장을 만나게 해달라'고 기도를 하는 편이 낫지 않을까 싶었다.

── **무죄추정의 원칙을 버려도 될까**

성폭력 피해자가 '사실은 피고인을 사랑했다'고 말하면 결과가 달라질까? 맡았던 사건 중에 이런 사건이 있었다. 피고인은 성폭력 혐의를 받고 있었고 피해를 신고한 지적장애인 여성은 여러 명이었다. 피고인은 피해자들의 명의로 핸드폰을 만들고 이를 처분해 돈을 챙긴 혐의까지 받고 있었다. 피고인이 처분한 폰은 대포폰이 되어 이리저리 흩어졌고 피해자들에게는 수백만 원의 휴대폰 요금 고지서가 날아들었다.

구치소에서 만난 피고인은 억울함을 호소했다. 자신과 피해자들은 교제하는 사이였으며 모두 합의하에 성관계를 가진 것이라 주장했다. 휴대폰은 '애인'인 피해자들이 자발적으로 만들어줬는데 경제적으로 어려운 남자 친구에게 휴대폰을 만들어준 게 왜 사기냐는 것이었다. 자신에게 잘못이 있다면 여러 다리를 걸친 것뿐인데 이게 과연 죄가 되냐며 억울해했다.

피고인의 호소에도 불구하고 일단 핸드폰을 만든 행위에는 사기죄가 적용될 것이 분명했다. 피해자는 피고인의 '애인'들이 아니라 피고인에게 휴대폰을 개통해준 휴대폰 대리점이었기 때문이다. 자신이 처분해버릴 생각이었음에도 마치 '애인'들의 이름으로 휴대폰을 개통할 것처럼 휴대폰 대리점을 속였으니 사기 혐의에 해당된다.

문제는 성폭력 혐의였다. 피고인이 피해자들과 성관계를 맺는 과정에서 폭력을 행사하거나 협박을 한 사실은 없었다. 피해자들도 모두 이를 인정하고 있었다. 피고인과 피해자는 인터넷 카페에서 쪽지를 주고받고 채팅을 하며 관계를 발전시켰고, 밥과 술을 마시고 노래방도 가는 등의 '데이트'를 한 후에 성관계를 맺었다.

성폭력 범죄에는 강간만 있는 것이 아니다. 완력이 전혀 없었다 해도 성폭력 범죄는 얼마든지 성립할 수 있다. 대표적인 경우가 준강간이다. "사람의 심신 상실 또는 항거 불능의 상태를 이용하여 간음 또는 추행할 경우" 준강간이 성립하는데, 술에 만취한 여성을 간음하거나 만지는 경우가 대표적이다. 피고인이 성폭력 혐의를 받게 된 건 성폭력 범죄의 처벌 등에 관한 특례법에 "신체적인 또는 정신장인 장애로 항거 불능 또는 항

거 곤란 상태에 있음을 이용하여 사람을 간음한 경우"를 처벌
하는 조항이 있었기 때문이었다. 검찰은 피고인이 피해자들의
장애를 이용해 성관계를 가졌다고 본 것이다.

피고인의 접근은 의도적이라 봐야 했다. 비장애인인 피고인
이 지적장애인들이 모인 인터넷 커뮤니티에 가입한 이유부터
설명할 수가 없었다. 피고인은 그저 호기심에 가입했고, 채팅
등을 하다 자연스레 만나게 된 것이라고 했지만 이를 법원에서
믿어줄 리 없었다. 게다가 이후 피해자들 명의로 휴대폰을 만
들어 처분한 것도 불리한 정황이었다. 애초부터 피해자들의 지
적장애를 이용할 마음이었다고 볼 여지가 충분했다.

재판 첫날 법정은 피해자와 그 가족, 장애인 단체 사람들
로 가득 찼다. 피고인이 혐의를 부인하자 고성이 터져 나오기
까지 했다. 곤혹스러운 재판이 끝나고 사무실로 돌아가는데
한 여성이 말을 걸어왔다. 피해자 중 한 명이었다. 법정에서부
터 계속 나를 따라온 듯 했다. 피해자가 이렇게 쫓아온 경우는
처음이라 당황스러웠다. 피해자가 가해자 변호사에게 할 말이
랄 게 뭐가 있겠는가. 험한 소리나 안 들으면 다행일 터였다.

내가 지적장애인과 대화를 나눠본 적이 있던가? 피해자의
말투는 너무나 평범해서 사전 정보가 없었다면 결코 장애 사
실을 감지할 수 없을 정도였다. 하지만 그 내용만큼은 비현실
적이었다. 나를 세워놓고 그녀가 한 말은 사실 자신은 '오빠'를

사랑했고 오빠에 대한 처벌을 원하지 않는다는 것이었다. 경찰 조사에서는 분명 피고인에 대한 처벌을 원했던 그녀가 멀쩡한 얼굴로 한 이 말을 어떻게 받아들여야 한단 말인가. 일단은 피고인에게 유리한 내용인지라 그녀에게 이 내용을 법정에서 증언해줄 수 있냐 물었고, 그녀는 흔쾌히 그러겠다고 대답했다. 그녀에게 휴대폰 번호를 요구하자 그녀는 자신의 번호를 알려주며 엄마에게는 알리지 말아달라 했다. 혹시 그녀는 가족의 강요로 경찰에 끌려가 원치 않는 진술을 한 게 아닐까.

고민은 증인신문 당일에 해결되었다. 증인으로 나온 그녀는 마치 비장애인을 연기하는 것 같았다. 질문을 던지면 내 눈을 쳐다보고 고개를 까딱거리며 질문을 듣는 척, 이해하는 척 했다. 하지만 질문에 대한 답은 항상 요점에 어긋난 장황한 답변이었다. 질문의 심도가 조금만 더해져도 횡설수설했다. "피고인의 처벌을 원하지 않나요"라는 질문에는 "예"라고 답하지만, "왜 처벌을 원하지 않나요" 혹은 "왜 입장이 바뀌었나요"라는 질문에는 질문과 상관없는 장황한 답변을 늘어놓았다. "나와 오빠는 사랑하는 사이"라는 말만 반복할 뿐이었다.

재판부의 판단은 이번에도 유죄였다. 역시나 이유는 '피해자가 지적장애인임을 감안해야 한다'는 것이었다. 예상했던 결과였고 스스로 납득할 수 있었다. 하지만 그녀가 왜 피고인의 처벌을 원하지 않는다 했는지, 왜 입장이 바뀌었는지에 대해 끝내 그녀의 해명을 들을 수 없었다. 궁금한 나머지 이런저런 자료와 논문을 찾아보고서야 그 이유를 짐작할 수 있었다. 지적장애인의 경우 의례적인 인사 혹은 접근마저도 자신에 대한 관심으로 생각하며 성폭력과 일반적 성관계를 구별하는 능력이 없는 경우가 많다. 아마도 그녀는 피고인과의 관계를 진실한 사랑으로 생각했던 것 같다.

하지만 고민은 여전했다. 진술 번복이 있어도 심지어 피해자가 나서서 피고인과 사랑하는 사이였다고 말해도 유죄라면 도대체 피고인에게 무죄를 받을 길이 있긴 한 걸까.

마을 사람 전체가 지적장애인을 수년에 걸쳐 성적 착취하는 일이 빈발하는 상황과, 평생 성폭력의 공포 속에서 살아가야 하는 지적장애인과 그 가족들의 처지를 생각하면 이런 범죄에는 단호하게 대응해야 한다. 하지만 무죄추정의 원칙 그리고 '10명의 도둑을 놓치더라도 1명의 억울한 사람을 만들면 안 된다'는 원칙이 훼손되기 시작하면 그 못지않은 재앙이 발생할수도 있다고 배웠다. 인간 사상의 역사라는 게 전 시대의 도그마를 깨부수며 발전해온 것이라지만 과연 무죄추정의 원칙을 버려도 되는 것인지 걱정스러웠다.

한 20대 피고인은 피해자의 장애를 이용해 성관계를 가진 혐의를 받고 있었다. 역시나 피고인은 혐의를 부인했다. 여느 사건과 다른 점이 있었다면 내가 피고인의 무죄를 확신했다는 점이었다. 피고인을 만나기 전 사건기록을 읽어보는 것만으로도 충분했다.

한 지적장애인이 출산을 했다. 당연하게도 가족들은 아기의 아버지가 누군지 추궁했고 여성은 울면서 자신의 핸드폰 전화번호부 속 한 남자를 지목했다. 피고인이었다. 집에 가고 있는데 갑자기 피고인이 나타나서 전화번호를 물었고 이를 거부하자 피해자로부터 전화기를 빼앗아 자신의 전화번호를 입력했다는 것이다. 그리고 피해자를 으슥한 주차장으로 끌고 가 성폭행했다는 것이 피해자의 진술이었다. 주차장에서 성폭행을 당했다는 내용만은 진술이 반복되는 동안 항상 일관됐다.

수사당국은 피고인을 체포해 강도 높은 수사를 벌였다. 하지만 피고인은 범행을 부인했다. 모바일 채팅으로 만나 몇 주간 지속적으로 대화를 나눴고, 합의하에 자신의 집에서 단 한 번 성관계를 했을 뿐이라는 것이 피고인의 주장이었다. 피임도구를 사용했기 때문에 피해자가 임신을 했을 리도 없다고 했다. 확실한 증거를 확보하기 위해 벌인 DNA 검사에서도 아기의 생물학적 아버지는 피고인이 아닌 것으로 밝혀졌다.

하지만 피고인은 혐의를 벗을 수 없었다. 강간죄가 아니라, 상대방이 장애인인 것을 알고 이를 이용해서 성관계를 가진 죄로 죄명이 바뀌었다. 기록을 읽는 내내 의아함을 감출 수 없었다. 피고인이 아기의 친부가 아니라면 진범을 찾는 것으로 수사의 초점을 돌려야 했다. 피해자가 반복해서 주차장에서의 성폭행을 언급한 것으로 볼 때 이는 실제로 발생했을 가능성이 높았고 주차장의 가해자가 아기의 생물학적 아버지일 가능성이 있었다. 하지만 수사당국은 이미 찾아놓은 피고인을 기소하는 것으로 수사를 마무리했다. 공소 사실은 '휴대폰 채팅을 이용해 자신의 집으로 유인해 성관계를 가진 것'이었다. 성관계가 있었다는 피고인의 자백과 피해자가 피고인을 성폭력 가해자로 지목했다는 것이 증거의 전부였다.

수사 과정에서는 어떤 일이 있었나. 장애인 단체가 나서서 피고인의 엄벌을 요청하는 탄원서를 수사당국에 제출했다. 장애인 대상 성범죄의 경우 자주 있는 일이었다. 피고인에게나 피해자에게나 수사 진척 사항은 예민한 프라이버시다. 피해자조차 수사 진척 사항을 알기 어려운데 장애인 단체는 피고인을 범인으로 지목하고 엄벌을 요구했다. 지적장애인이 피해자인 경우 그 진술의 신빙성을 담보하기 위해 수사 과정에서 전문가의 의견서를 받곤 하는데, 전문가는 피해자 진술에 신빙성이 있다고 인정했다. 한번도 피해자를 대면하지 않고 낸 결과였다. 그러고 보니 내가 담당했던 사건 중 전문가가 지적장애인 진술에 신빙성이 없다는 의견을 낸 적은 한번도 없었다.

피고인이 무죄를 받는 데까지는 무려 1년이 넘게 걸렸다. 1심에서 무죄판결을 받았지만 그것만으로는 충분치 않았다. 검찰은 무죄판결에 대해 자동으로 항소를 하기 때문이다. 결국 대법원까지 간 끝에야 피고인은 재판에서 벗어날 수 있었다. 피고인이 피해자가 장애인인 것을 몰랐을 가능성이 높다는 것이 무죄판결의 근거였다. 피고인은 피해자와 채팅으로 대화를 한 것이 전부였다. 피해자가 감기에 심하게 걸려 말을 못 할 수도 있다고 해서 만났을 때 피해자가 아무 말도 하지 않는 것을 이상하게 여기지 않았다고 주장했다.

피고인의 이런 주장을 뒷받침하는 증거가 제법 있었다. 수사 과정에서 쓴 피해자의 자필 진술서는 정상적인 문장 형태를 갖추고 있었고 평소 피해자가 친구들과 채팅으로 대화 나누는 걸 즐긴다는 증언도 있었다. 대화 중 상대의 발음이 어눌해진다거나 갑자기 초점에서 벗어난 얘기를 늘어놓는다면 누구나 이상하게 생각할 것이다. 하지만 채팅은 다르다. 맥락 없이 진행되고 심지어 적극적으로 맞춤법이 파괴되기도 하는 것이 채팅 아니겠는가. 게다가 피해자의 문장 구사 수준은 여느 또래와 크게 다르지 않았다. 피해자가 평소 장애 사실이 밝혀지는 걸 두려워해 비장애인들 앞에서는 말하는 것을 꺼려했다는 증언도 있었다. 제출된 증거만으로는 피고인이 피해자의 장애를 알고 이를 이용했다고 보기 어려웠다.

당연한 얘기지만 지적장애인도 똑같이 성욕을 느낀다. 피해자는 한창 성적 호기심이 강할 나이였고 일부 또래들이 그러하듯 채팅으로 이성을 만나 성관계를 했다. 증언 과정에서 나온 얘기지만 피해자는 또래 친구들이 즐기는 여흥 거리를 적극적으로 즐기고 있었다.

사실상 주변 정황만으로 성범죄 여부를 판단하는 지금의 방식은 무죄추정의 원칙 관점에서 문제가 있다. 하지만 이 방식이 과연 피고인만 불행하게 만들고 있는 걸까? 지적장애인 역시 상대를 선택하고 성관계를 즐길 권리가 있다. 그 관계에 대해 국가가 광범위하게 개입한다면 결국 사람들은 지적장애인과의 성적 접촉을 기피하게 될 것이다. 같은 장애인이라고 해서 처벌 대상에서 제외되는 것은 아니니 이는 비장애인이나 장애인이나 매한가지이다. 눈앞의 불행을 막기 위한 힘겨운 싸움을 벌이고 있는 장애인과 그 가족들 앞에서, 멀리 있어 잘 보이지도 않는 행복을 얘기하는 건 무책임한 태도일지도 모른다. 하지만 항상 궁금한 건 지적장애인 본인들의 얘기다. 어느 날 갑자기 내가 그동안 만났던 연인들이 모두 수사를 받는다면 어떤 기분일까? 여전히 심연을 바라보는 느낌이다.

사 건 을
기 억 하 지
못 하 는
피 고 인

───── 내가 자백을 권하는 이유

술을 마신 남성이 마사지숍에서 안마사와 몸싸움을
벌였다. 남자는 "안마사가 마사지 도중 갑자기 성기를
만지며 강제 추행하기에 놀라 마사지사를 때렸다"고
주장했다. 하지만 안마사와 업주의 주장은 달랐다. "마
사지를 받던 남성이 안마사에게 성기를 만지도록 강요
하며 주먹을 휘둘렀다"는 것이 그들의 주장이었다. 남

성의 얘기보다는 마사지숍 측의 얘기가 타당하다 생각했는지 검찰은 남성을 강제추행 및 폭행으로 기소했다. 재판에 이르자 피고인은 자신의 죄를 인정하며 선처를 구했지만, 1심 법원은 그에게 징역 8월의 실형을 선고했다.

1심에서 자신의 죄를 인정했던 피고인은 2심에 와서 갑자기 입장을 바꿔 억울함을 호소했다. 하지만 한번 인정했던 죄를 뒤집는 것은 쉬운 일이 아니었다.

사태는 피고인의 친형의 맹활약으로 대반전을 맞이한다. 남성의 형은 손님인 척 해당 마사지숍을 찾아가 퇴폐 영업 사실을 밝혀냈다. '자신들은 퇴폐 업소가 아닌데 남성이 퇴폐 행위를 강요하며 행패를 부렸다'는 업소 측 주장은 근본부터 흔들리게 됐다. 남성은 무죄를 선고받았고 교도소에서 풀려났다.

일이 이리 되고 나니 가장 의아한 것은 왜 그가 1심에서 자신의 죄를 인정했느냐이다. 다른 사람은 몰라도 자기 자신만큼은 결백을 잘 알았을 것 아닌가.

'국선변호인 설득에 허위 자백…억울한 옥살이.' 얼마 전 인터넷을 장식했던 뉴스의 제목이다. 기사의 내용에 따르면 1심에서 남성의 변호를 맡은 국선변호인이 남성에게 '계속 혐의를 부인하면 구속될 수 있다'고 말한 것이 허위 자백의 원인이었다. 뉴스 댓글란에서는 국선변호인의 화형식이 벌어지고 있었다. 사태의 원흉으로 지목된 문제의 변호사뿐만 아니라 국선변호사 모두가 비난을 받고 있었다. 뜨끔했다.

변호사가 피고인에게 자백을 강요하는 일은 자주 있는 일일까. 내 경우 피고인들과의 상담 초기에 자백을 권유해보곤 한다. 피고인이 자백하면 일이 쉬워지는 것은 사실이다. 자백을 할 경우 보통 재판은 하루만에, 그것도 10분 안에 끝나곤 한다. 검찰의 수사 내용을 모두 인정하는 것이니 '우발적 범행이었다', '생활고에 시달리고 있었다' 따위의 형량을 줄일 만한 사유 정도를 주장하는 선에서 변호가 이루어진다.

반면 부인하면 재판이 길어진다. 피해자나 목격자를 법정에 불러 증언을 들어보고, 휴대폰 통화 기록이나 진료 기록 같은 기록을 신청해 자료가 도착할 때까지 기다리다 보면 기본적으로 몇 달은 소요된다. 하지만 일을 편하게 해보겠다고 자백을 권유하는 것은 결코 아니다. 가장 중요한 이유는 피고인 본인의 기억을 믿을 수 없기 때문이다. 자백을 권유한다는 표현보다는 자기도 모르게 외면하고 있는 기억을 이끌어내려 노력한다는 것이 정확한 표현일 것이다.

─── 가해자의 기억은 쉽게 왜곡된다

어느 날 대학 후배로부터 급한 전화가 걸려왔다.

"형, 저 아무래도 꽃뱀한테 물린 것 같아요."

후배는 강간 혐의를 받고 있었다. 상대는 소개팅으로 만난 여성이었다. 서로 호감이 있어 두세 번 데이트를 한 끝에 모텔에 투숙했다가 벌어진 일이었다. 분명히 합의를 하고 모텔방에 들어갔는데 막상 성관계를 시도하자 상대가 갑자기 소리를 지르며 방 밖으로 뛰쳐나갔다는 것이 후배의 주장이었다. 몇 차례나 전화를 해도 상대가 돌아오지 않아 후배는 다음 날까지 모텔방에서 잠을 자고 출근했다. 상대가 제정신이 아니라 생각했던 후배는 이후 연락을 끊었고, 상대 역시 후배에게 아무런 연락을 하지 않았다. 몇 주 후에 날아온 것은 경찰서의 출석 통보였다. 후배는 패닉에 빠져 나에게 전화한 것이었다.

혹시 후배가 나에게 무언가를 숨기는 것이 아닐까? 찜찜했다. 분위기 좋게 모텔에 동반 입장한 썸녀가 갑자기 돌변한다는 게 선뜻 이해가 되지 않았다. 나에게는 사실 그대로 말해야 한다며 몇 차례나 설득했지만 후배는 형까지 이러면 어쩌냐며 눈물을 쏟아냈다.

반신반의하던 중에 모텔 복도 CCTV 영상을 구할 수 있었다. 남녀가 다정히 들어갔던 객실 문이 벌컥 열리고 한 여성이 허겁지겁 뛰쳐나오고 있었다. 머리는 산발이었고 옷도 제대로 갖춰 입지 못한 채였다.

사태가 이상하게 흘러간다 싶어 합의를 하려 피해자를 만났을 때에야 처음 후배의 전화를 받고 느꼈던 찜찜함의 실체를 확인할 수 있었다. 합의고 뭐고 필요 없으니 누구와도 만나지 않겠다는 그녀를 겨우 설득해 만난 자리였다. 사건 직후 셀카로 촬영한 피해자의 얼굴은 엉망이었다. 입술은 찢어지고 눈 주위는 멍들고 눈의 실핏줄까지 터져 있었다. 목에는 벌겋게 졸린 자국이 남아 있었다. 성관계를 시도할 무렵 후배가 갑자기 폭력을 휘두른 것이 이 사건의 전말이었다.

후배는 새디스트였다. 아무리 친한 후배라 한들 내밀한 성적 취향까지는 알 수 없다. 되짚어 보니 준수한 외모에도 불구하고 후배에게 여자 친구가 있었던 기억이 없었다. 후배의 어머니까지 동원되어 무릎을 꿇고 용서를 빈 끝에야 겨우 합의를 볼 수 있었다. 후배는 재판 끝에 집행유예형을 받았다. 피해자가 끝내 합의에 응하지 않았다면 3년 정도의 실형이 선고됐을 것이다.

합의가 되던 날 밤 후배를 불러냈다. 진실이 궁금했다. 피해자는 결코 돈을 노리고 후배를 고소한 것이 아니었다. 심지어 우리 측에서 내민 합의금의 상당 부분을 돌려주기까지 했을 정도다. 후배는 나에게 왜 거짓말을 한 걸까?

내가 봤던 CCTV 영상 속 장면과 피해자의 얘기를 전하자 후배는 하늘이 무너지는 듯한 표정을 지었다. 후배는 그제야 그날 자신의 행동이 기억난 듯 했다. '나에게 거짓말을 한 것이 창피해서 또 거짓말을 하는 것이 아닐까?' 의심이 들었지만 후배의 표정은 결코 꾸며낸 것이 아니었다.

　내가 사람 보는 눈이 없는 것은 아닐까. 그러나 이후에도 비슷한 표정을 여러 번 목격했다. 특히나 폭력 사건의 경우 이런 일이 많다. 피고인들은 '상대가 먼저 시비를 걸었다'거나 '자신은 그저 살짝 밀기만 했을 뿐'이라는 주장을 많이 하곤 한다. 하지만 운 좋게 현장 CCTV 영상을 구해 재생해보면 그 점잖던 피고인이 성난 소처럼 날뛰고 있는 경우가 많다. 피고인이 나에게 거짓말을 한 것일까? 동영상을 보고 나서 피고인들이 보이는 표정은 그때 후배가 나에게 지었던 표정과 똑같다. "이게 정말 저예요? 내가 정말 이랬나" 하며 망연자실한 표정을 짓곤 한다.

　폭력 범죄의 대부분은 흥분 상태에서 우발적으로 벌어진다. 사건 현장에 있던 사람 중 가장 제정신이 아니었을 가능성이 높은 사람은 바로 피고인이다. 혐의를 부인하는 피고인의 상당수는 스스로를 속이거나 상황을 자신에게 유리한 쪽으로 왜곡하는 경향이 있다. 특히 피고인이 흥분 상태에 있었던 폭력 범죄나, 피해자의 거부 의사 여부에 따라 범죄 성립 여부가 결정되는 성범죄의 경우 그런 사례가 많다. 후배는 여성의 거부 의사를 그저 의례적인 내숭으로 생각했을 것이다. 자신에게 유리한 쪽으로.

　그러나 사실과 다른 기억은 결코 피고인에게 유리하게 작용하지 않는다. 혐의 부인은 형량을 높이는 데 일조할 뿐이다. 피고인이 부인을 하면 그날의 진상을 규명하기 위해 결국 피해자를 법정에 증인으로 불러야 한다. 사건 당시의 일을 다시 떠올리게 하는 것은 피해자에게 큰 고통이다. 처음부터 자신의 잘못을 인정하고 용서를 구하는 사람과 이치에 닿지 않는 주장을 하며 재판을 질질 끈 사람의 형이 똑같다면 그 누가 자백을 하려 들겠는가?

이치에 닿지 않는 피고인의 주장을 그대로 옮길 수는 없다. 변호사는 상담 과정에서 피고인 주장의 타당성을 따져보는데 이는 사선 변호인이라고 다르지 않다. 의뢰인이 무리한 주장을 하는 경우 사건 수임을 거절하거나 수임했더라도 수임료를 돌려주며 사임하는 경우가 꽤 많다. 피고의 주장을 고수하다가 결국 사건이 안 좋게 끝날 게 분명한데 피고인은, 이에 대한 책임을 애먼 변호사에게 따지는 경우가 많기 때문이다.

사태에 걸맞는 정확한 대응을 하지 못한 채 갈팡질팡하는 것은 피고인에게 또 다른 불이익을 준다. 합의 시도 중에야 안 사실이지만 후배에게는 골든타임이 있었다. 어찌 됐든 피해자는 사건 전까지만 해도 후배와의 교제를 결심한 상태였다. 꿈에도 생각 못한 일을 당했지만 후배를 고소할 생각까지는 없었다. 그녀는 후배의 사과를 기다렸지만, 그는 그날 이후 아무런 연락이 없었다. 이때라도 자신을 냉철하게 돌아보고 사과를 했다거나, 하다못해 입에 발린 변명(술에 취해 기억이 없었다 같은) 이라도 했다면 사태가 형사사건이 되는 것을 막을 수 있었다. 게다가 그에게는 한 번의 기회가 더 있었다. 나에게 연락했을 때라도 모든 사실을 정확히 얘기했더라면 사건을 덮을 가능성이 있었다. 당시까지만 해도 피해자는 경찰에 진단서를 제출하지 않은 상황이었다. 이 상태에서 피고인에게 적용될 죄명은 단순강간죄다. 2013년 이전까지만 해도 단순강간죄는 피해자와 합의를 하면 기소가 되지 않는 친고죄였다. 그때라도 달려가 용서를 구하고 합의를 했더라면 피해자는 진단서를 경찰서에 제출하지 않았을 것이다. 하지만 후배는 부인을 하며 시간을 끌었고, 그의 입장을 경찰로부터 전해 들은 피해자는 분노했다. 뒤늦게 합의를 했지만 후배에게 적용된 죄명은 강간상해였다. 성폭행 과정에서 상대를 다치게 할 경우 적용되는 죄로 비친고죄다. 합의가 더 늦어졌다면 그는 구치소에 구속된 상태에서 재판을 받게 되었을 수도 있다.

부인하는 사건이라고 해서 무조건 자백을 권유하는 것은 아니다. 검찰기록상으로 볼 때 피고인의 잘못이 명백해 보이고, 이에 대해 해명을 요청해도 이치에 닿지 않는 변명만 늘어놓는다면 그때 자백을 권유하곤 한다. 나도 설득이 안 되는데 어떻게 판사를 설득한단 말인가.

지적장애인을 집으로 유인해 며칠 간 강간한 혐의로 기소된 피고인의 사례가 기억난다. 피고인은 성관계 자체를 가진 사실이 없다고 주장했으나 이후 피해자의 체내에서 피고인의 DNA가 검출됐다. 채팅으로 여중생을 유인해 강간한 또 다른 피고인의 경우, 이후 피해자를 다시 불러내려 했으나 말을 듣지 않자, 피해자 남동생의 인터넷 메신저 아이디를 알아내 누나의 피해 사실을 알렸다. 피해자의 남동생은 초등학생이었다. 피고인은 자신이 강간을 한 사실도, 메신저로 메시지를 보낸 사실도 없다 부인했으나 이후 검찰은 해당 메시지를 보낸 시각에 피고인이 해당 컴퓨터를 사용하고 있는 장면이 찍힌 PC 방 CCTV 화면을 증거로 제출했다. 피고인은 자신과 닮은 사람이 자신인 척 한 것이라 주장했다. 재판을 진행하지 않은 채 여러 차례 피고인을 찾아가 자백을 설득했지만 그는 끝내 응하지 않았다. 결국 피고인은 14년 형을 선고받았다.

─────── **왜 허위 자백을 할까**

모든 현실적인 이유에도 불구하고 자백 권유는 큰 위험성을 내포하고 있다. 서두에서 인용했던 마사지숍 사건은 그 위험성이 현실화된 사건으로 봐야할 것이다. 남성의 변호인이 남성이 결백하다 생각하면서도 자백을 권했겠는가. 여러 가지 정황에 비추어 피고인에게 가장 이익이 되는 길이라 여기고 자백을 권했을 것이다. 누가 변호를 맡았더라도 충분히 일어날 수 있는 실수였다. 하지만 피고인들은 때로는 자기가 저지르지 않은 일을 자백하기도 한다.

내가 담당했던 또 다른 피고인은 자신이 고용한 근로자들의 임금을 주지 않은 혐의를 받고 있었다. 크게 시행사를 하다 그만 망해버렸는데 이때 여기저기서 돈을 빌리고 갚지 않은 혐의에 대해 사기죄로 재판을 받다가 추가로 병합된 건이었다. 피고인은 분명 월급을 다 챙겨주었다며 억울해했지만 도통 믿을 수가 없었다.

일단 그는 월급을 언제까지 얼마나 줬는지를 기억하지 못하고 있었다. 그저 "내가 회사 망하고 쫓겨 다니는 동안에 돈이 생겨서 한꺼번에 다 치렀다"고 주장할 뿐이었다. 월급을 보낸 송금 내역이라도 달라 했더니 사업이 망해 통장을 분실했다 답했다. 여기까지는 수긍할 수 있었다. 은행에 요청해 분실한 통장을 다시 발급받으면 그만이었다. 하지만 피고인은 누구 명의로 된 어떤 은행의 계좌에서 월급을 송금했는지를 기억하지 못한다 했다. 한 기업의 대표가 직원들의 월급이 지급되는 계좌가 누구 명의로 되어 있는지, 어느 은행에 있는지도 모른다는 게 말이 되는가. 피고인의 말을 도무지 믿을 수 없었다. 월급을 못 받았다고 나선 6~7명이나 되는 직원들이 합심하여 거짓말을 한다는 것도 가능해 보이지 않았고, 피고인이 사기죄로 재판을 받고 있는 것 역시 무시할 수 없었다.

문제는 접견 과정에서 보인 피고인의 태도였다. 피고인의 주장이 석연치 않아 "급여를 주지 않은 게 사실이라면 차라리 인정하고 피해자들과 합의를 하는 게 어떻겠냐"고 권하자 피고인은 시원시원한 태도로 변호사님이 말씀하신 대로 하겠다고 답했다. 급여를 주지 않아 기소된 경우 피해자들과 합의를 하면 사건이 공소기각으로 종결된다고 알려준 뒤의 일이었다. "변호사님이 말씀하신 대로"라는 문구가 걸렸다. 혐의가 사실이라는 것인가 아니면 사실은 아니지만 내가 시키니 자백을 하겠다는 것인가. 피고인의 대답은 후자였다. 이 경우 고민은 다시 둘로 나뉜다. 정말로 결백한 것인가 아니면 혐의가 사실인데 순순히 인정하기가 겸연쩍어 내 핑계를 대는 것인가. "안 했으면 안 한 거지 왜 나 때문에 자백을 하시냐"고 되물었더니, 기억도 정확히 나지 않는데다 내 얘기를 들어보니 그 편이 유리할 것 같다는 것이 피고인의 답이었다.

하지 않았다는 걸 억지로 자백하게 할 수는 없어 혐의를 부인하는 것으로 입장을 정리했지만 피고인을 더더욱 신뢰할 수 없게 됐다. 자신조차 믿지 못하는 결백을 나더러 입증하라는 것은 무리였다.

재판의 반전은 교도소에서 짐 정리를 하던 피고인이 꾸깃꾸깃한 종이 한 장을 찾으면서 일어났다. 피고인의 통장 거래

내역이었는데 무려 2억 원 가까운 돈이 근로자들에게 나뉘어 송금된 기록이 남아 있었다. 만약 피고인이 자백을 했더라면 사건은 결정적인 증거가 발견되기 전에 종결됐을 것이었다. 누군가 피고인에게 '그렇다면 그때는 왜 자백을 했던 거냐'고 물었다면 어떤 대답이 나왔을까. 생각만 해도 오싹하다.

사람의 기억은 꽤나 모호하다. 누군가 곁에서 다그치면 그 모호한 기억은 다그치는 방향으로 흘러가기 쉽다. 더군다나 그쪽에서 꽤나 유혹적인 당근을 제시하면 인력은 더욱 강해진다.

1980년 후반 DNA 검사가 보급된 뒤 미국에서는 이미 유죄를 받고 복역 중인 수형자들을 대상으로 검사를 실시했다. 사건 현장에서 발견되었던 체액 등의 시료에서 추출한 DNA와 이들의 DNA를 대조해 과연 이들이 진범이었는지를 다시 되짚어본 것이다. 그 결과 총 250명의 피고인이 DNA 불일치 판정을 받아 결백이 입증되었다.

오판의 원인이 무엇이었는지에 대한 연구가 이어졌고 그 결과 여러 원인이 제시되었다. 그 원인 중 주목할 만한 것이 있었는데, 억울한 유죄 사례 250건 중 16%에 해당하는 40명이 자기가 저지르지도 않은 범죄를 자백했다는 것이다. 그중 2명을 제외한 38명은 모두 진범이 아니고서는 알 수 없었던 범행 당시의 구체적 상황에 대해 진술하기까지 했다.

수사 과정에서 이들이 고문이라도 당한 것일까? 상식과 달리 피고인들은 고문이나 폭행의 행사가 없는 상태에서도 허위 자백을 하곤 한다. 왜 피고인들은 강요가 없을 때도 스스로를 해치는 선택을 하는 것일까. 그 원인을 규명하기 위해 여러 연구가 진행 중이다. 우리나라에서 이루어진 한 연구에 따르면 고립감, 무력감, 공포감에 사로잡힌 피고인이 수사관을 협력 대상으로 생각하고 이에 적극적으로 협조하는 과정에서 허위 자백이 발생한다고 한다.

여전히 그리고 꽤나 자주 피고인들에게 자백을 권유해보곤 하지만 항상 조마조마하다. 내가 담당했던 피고인들 중에도 혹시 나 때문에 허위 자백을 한 사람이 있지 않을까.

범죄 유도는
범죄인가

사법연수 기간 중 두 달은 법원에서 실무 연수를 받는
다. 나름 판결문을 써보기도 하고, 재판 참관을 하기
도 한다. 실제 권한을 부여받는 일은 조정 정도다. 민
사재판 중 원고와 피고가 서로 합의해서 사건을 끝내
는 것이 좋겠다고 판단하면, 재판장은 둘을 재판정 옆
에 있는 조정실로 보내 서로 이야기할 기회를 준다. 내

역할은 조정위원으로서 합의가 이루어지게끔 조율하는 일이었다. 사법연수생은 그날 조정에 붙여진 건 중 세 건 정도를 처리하는데, 그날은 운이 좋았는지 두 건의 조정을 성공시키고 한 건만이 남아 있었다.

마지막 순서가 되자 중년 남자 두 명이 나란히 들어왔다. 택시 앞 유리를 깬 승객에게 개인택시 기사가 손해배상 책임을 묻는 사건이었다. 승객 본인이나 기사 모두 이 사실을 인정하고 있지만, 승객이 '택시 기사의 요구액 200만 원이 너무 과도한데다, 상대의 불친절 때문에 일이 벌어졌는데 자기에게만 책임을 물어 억울하다'고 버틴 것이 소송의 이유였다. 남의 소중한 생계 수단을 부숴놓고는 불친절을 핑계 삼을 수는 없다. 정 억울했으면 구청에 불친절 운행으로 신고하면 그만이었다. 말도 안 되는 주장을 늘어놓는 승객을 설득하기 위해 피해자인 택시 기사에게 잠깐 나가 있어달라 양해를 구했다.

가해자인 승객은, "택시 기사가 길이 좁다며 중간에 내리라 해서 기분이 나빴다"고 하소연했다. 보나 마나 택시가 도저히 들어갈 수 없는 좁은 길이었을 게 분명해 보였지만 조정 성립을 위해 "선생님 억울하신 사정 충분히 알겠다"고 답했다. (조정 실적이 좋으면 필시 실습 성적 받는 데 유리할 터였다.) 법적으로는 결국 피해자인 택시 기사의 손을 들어줄 수밖에 없음을 이해해달라고 긴 시간을 달랜 뒤, 가해자를 내보내고 피해자 택시 기사를 불러들였다. 피해자가 요구 액수를 줄이면 그 금액대로 화해하고 끝내겠다는 약조를 가해자에게 받은 뒤였다.

그런데 도대체 피해자의 요구액 200만 원은 어떻게 책정된 것일까. 차량 앞 유리를 교환하는 데 200만 원씩이나 들 것 같지 않았다. 당시 200만 원이면 어지간한 중고차도 노려볼 수 있는 금액이었다. 조정을 성사시키려면 10만 원이라도 배상액을 줄여야 하기에 피해자가 요구한 200만 원의 근거를 따져 물었다. 피해자의 답변은 '앞 유리 교환비 40만 원, 일을 못 해서 발생한 수입 손실 150만 원, 위자료 10만 원'이었다. 일단 위자료 10만 원은 듣자마자 제외했다. 재산 침해의 경우 그 손해를 배상받으면 특별한 경우가 아닌 한 그로 인한 정신적 고통도 회복된다는 것이 현행 판례의 입장이다. 정신적 손해가 있다 하더라도 사람마다 제각각인데다가 이를 돈으로 환산하기도 어렵다. 설명을 하니 피해자도 수긍하는 눈치였다.

앞 유리 교환비 40만 원은 일단 넘어갈 수밖에 없었다. 당장 시세를 알아볼 수도 없는 노릇인데다, 조금 의심스럽긴 했지만 40만 원이라 적힌 간이 계산서도 제출된 상태였다. 그런데 일을 하지 못한 손해가 150만 원이라는 것만은 확실히 이상했다. 노동자 한 달 평균 임금에 육박하는 금액 아닌가. 도대체 며칠이나 일을 못 한 거냐고 묻자 피해자는 5일이라 답했다. 아니 수입차도 아니고 흔한 양산 택시 유리 교환하는 데 5일이나 걸린단 말인가. 반문하니 피해자는 사건이 금요일 심야에 벌어져 수리를 맡기지도 못한 채 주말 내내 차를 세워뒀다고 답했다. 놀부 심보도 이런 놀부 심보가 어디 있단 말인가. 금요일 자정경 일이 벌어졌다면 금요일 벌이는 이미 마친 셈이다. 게다가 개인택시는 이틀 일하고 하루 쉬는 3부제 운행이니 금요일에 일을 했다면 토요일, 일요일 중 하루는 쉬게 되어 있다. 수리를 아무리 길게 했어도 이틀을 넘지 않았을 것 같아 설명을 요청했더니 경찰 조사받으러 다니느라 일을 못 했기 때문이라 했다.

손해배상의 범위는 통상손해까지다. 특별한 손해는 가해자가 가해 당시 이를 알았거나 알 수 있었을 때만 배상을 청구할 수 있다. 교통사고가 났을 때 통상 발생하는 손해는 차 수리비, 수리하는 동안 대신 탈 차량의 렌트비, 치료비, 치료하는 동안에 일을 못 하는 손해 정도다. 하지만 마침 국보급 청자를 운반하다 사고로 부서졌다면 이는 통상적이지 않은 손해 즉 특별손해다. 사고 낸 사람이 고려청자의 존재를 알았거나 알 수 있었을 때에만 배상 책임이 있다. 경찰 조사 때문에 일을 이틀이나 못했다면 이건 통상손해일까 특별손해일까. 판례가 없어 명확한 기준은 없지만 통상손해로 보기에는 애매해 보였다. 무엇보다 차 앞 유리 부서진 일로 이틀이나 조사를 하지도 않는다. 진짜로 일을 못 했는지 알아보기 위해 운행기록계를 가져오라 했더니 피해자는 나중에 제출하겠다고 했다. 손해배상을 받으려면 이를 요구하는 쪽에서 자신의 손해 사실을 입증해야 한다. 성격으로 보아 굉장히 손해에 민감하고 잘 따지는 듯한데, 자신의 손해 사실을 입증할 손쉽고 명확한 자료를 제출하지 않은 것이 이상했다.

게다가 5일 일하지 못한 손해가 150만 원이라면 평소 하루 수입이 30만 원이라는 얘기 아닌가. 택시 미터기를 유심히 보면 그날 택시가 거둔 매출이 적혀 있는 경우가 있다. 택시를 탈 때마다 이 택시의 하루 매출은 얼마일지 궁금해 미터기를 살펴보곤 하는데, 영업시간 막바지에 타도 하루 매출 20만 원을 넘긴 택시 찾기가 쉽지 않다. 그런데 피해자는 매출이 아니라 수입이 30만 원이라고 주장하는 셈이었다. 수입 액수가 과다하게 책정된 것 같다 지적하자 피해자는 "젊은 사람이라 세상 물정 모른다"며 짜증을 냈다. 내심 움찔했지만 지지 않고 하루 평균 수입이 30만 원임을 입증할 증거를 보여달라 했다. 피해자는 아무것도 제시하지 못했다.

피해자를 도저히 믿을 수 없었다. 사건 내용을 처음부터 차근차근 보니 '조수석에 앉아 있던 가해자가 주먹으로 앞 유리를 쳐서 깼다'는 대목이 눈에 들어왔다. 차 앞 유리를 사람 손으로 그것도 조수석에 앉은 채 깰 수 있을 것 같지 않아, 사고 직후 촬영한 차량 사진이 있냐 물으니 피해자는 급기야 화

를 벌컥 냈다. 법원에서 이미 깨진 걸로 확정해서 가해자가 유
죄판결까지 받았는데 왜 그걸 또 따지냐는 것이었다. 틀린 얘
긴 아니었다. 가해자인 승객은 이전에 진행된 형사재판에서 재
물손괴죄로 벌금형을 받은 상태였다.

형사재판에서 인정된 사실 관계는 원칙적으로 민사재판에
서도 그대로 인정하게끔 되어 있다. 소송경제 때문이다. 공인된
기관인 법원에서 조사를 마친 사안을 다시 조사하는 건 세금
낭비이기도 하려니와 시급한 배상이 필요한 피해자에게도 가
혹한 일이다. 그래도 그렇지 물어본 말에는 답하지 않고 화만
내는 게 이상했다. 잠깐 피해자를 나가 있으라 한 뒤 가해자를
불러들였다.

방에 들어오자마자 가해자는 피해자의 요구 액수가 얼마
나 줄었는지부터 궁금해했다. 차 앞 유리를 주먹으로 깬 것이
사실이냐 물으니 가해자는 사건 내용에 대해 제대로 기억하지
못한다고 답했다. 그날 가해자는 만취 상태였다. 가해자가 기억
하는 것은 중간에 내리라는 택시 기사의 말에 기분이 상해 말
다툼을 시작한 대목까지였다. 파출소에서 조사 경찰이 '택시가
부서졌는데 그것이 당신이 한 일'이라고 하자 그냥 혐의를 인
정한 것이다. 이후 가해자에 대한 형사재판 절차는 정식재판이
아닌 약식명령으로 이루어졌다. 벌금 이하의 경미한 처벌로 끝
날 사건의 경우 재판 없이 벌금고지서를 보내는 것으로 사건을

종결짓는데 이를 약식명령이라 한다. 피고인이 약식명령에 대해 이의를 제기하지 않는 이상 절차는 그대로 끝난다. 가해자는 고지에 따라 벌금을 내고 끝난 줄 알았는데 피해자가 다시 돈을 내놓으라 하니 억울해했다. 하지만 형사와 민사는 어디까지나 별개다. 벌금은 자신의 죗값을 국가에 대해 치르는 것이고, 민사재판에 따른 손해배상은 피해자가 입은 개인적 손해를 배상하는 것이다.

다시 피해자를 불렀다. 피해자는 인심을 쓰듯 "바쁘니깐 그냥 130만 원만 받고 끝내겠다"고 했다. 수리비 40만 원과 휴차 손해 3일 치 90만 원만 인정해달라는 것이었다. 가해자도 이 정도면 많이 줄였다 생각했는지 여기서 합의하겠다고 고개를 끄덕거렸다. 하지만 내가 응할 수 없었다. 130만 원도 바가지였다. 가해자가 가해를 했는지조차 의심스러운 상황 아닌가. 재판으로 가서 엄밀히 따지면 한 푼도 인정되지 않을 가능성까지 있었다. 형사재판에서 인정된 사실관계라 하더라도 이것이 틀렸다고 입증할 수 있을 정도가 되면 민사재판에서는 다른 결과가 나올 수 있기는 하다.

나는 도저히 이런 조정에 응할 수 없다 거절하고 둘을 돌려보냈다. 하지만 둘은 결국 나 없이 130만 원에 합의를 봤고 재판은 종결됐다.

법원 실무 연수를 마친 후 나는 두 달 간 두바이에 있는 한 기업에서 변호사 실무 연수를 받았고, 이후 검찰 실무연수를 받게 되었다. 실무 연수를 받았던 법원 바로 옆 건물을 쓰고 있는 같은 지역 검찰에서였다. 법원과 달리 검찰은 실무수습생들에게 검사직무대리라는 직함을 줘 실제 사건을 처리하게 한다. 대신 어렵고 복잡한 사건은 맡기지 않고 간단한 절도, 폭행, 모욕죄, 음주운전 같은 사건을 주로 맡긴다.

하루는 승객이 택시 기사에게 욕을 한 사건이 배당되었다. 모욕죄는 사람이 여럿 있는 데서(공연히) 누군가에게 욕을 퍼부으면(모욕) 성립하는 죄다. (누군가에게 욕을 해주고 싶다면 단둘이 있을 때 해야 한다.) 증거로 제출된 내부 블랙박스 동영상으로 볼 때 승객이 욕을 한 건 분명했다. 블랙박스는 빈 택시 안을 비추고 있었고 둘 다 택시 밖에서 말싸움을 하는 상황이었지만 젊은 목소리가 나이 지긋한 목소리에게 욕을 퍼붓는 것은 똑똑히 녹음되어 있었다.

문제는 공연성이었다. 블랙박스가 차량 내부를 비추고 있는 터라 주변에 사람들이 있었는지가 불분명했다. 경찰이 작성한 택시 기사의 진술서에는 '주변에 사람들 몇 명이 서서 구경했다'고 적혀 있었지만, 새벽 3시경 주택가 골목길에서 벌어진 일이라 이를 그대로 믿기는 좀 어려웠다. 지도검사님께 의견을 물어보니 승객에 대해 무혐의 처분하고 택시 기사에게는 전화를 걸어 이유를 잘 설명해주라 했다. 전화로 설명을 들은 택시 기사는 공연성을 입증할 증거가 있다며 추가 블랙박스 동영상을 가져오겠다 했다.

문을 열고 들어선 것은 과거 앞 유리 파손 사건의 그 기사였다. 그는 나를 알아본 듯 멈칫하더니 이내 표정을 가다듬고 자리에 앉았다. 블랙박스 화면에 공연성을 입증할 자료가 있으니 잘 보고 가해자를 엄벌해달라 했다. 나는 이때만 해도 택시 기사가 그저 상습고소인인 줄 알았다. 조금 과하다고는 할 수 있지만 도덕적으로 비난하기에는 애매한 상황이었다.

그가 가져온 블랙박스에는 승객이 욕설을 하기까지의 상황이 찍혀 있었다. 욕설을 한 장소에 이르기 한참 전 차창 옆으로 행인이 스쳐가는 장면이 차량 내부 블랙박스에 찍혀 있었는데, 택시 기사는 이 사람이 따라와서 구경을 했다고 주장했다. 믿기 힘든 주장이었다. 달리던 택시에서 욕설을 하기 몇 분 전에 찍혀 있었으니, 그 행인이 블랙박스에 찍힌 그때부터 바로 전력 질주해서 택시를 따라왔다 해도 해당 장소까지 도착하는 건 불가능해 보였다. 게다가 새벽에 길을 걸어가다 지나가는 택시를 따라서 갑자기 전력 질주를 할 이유도 없지 않은가?

내 관심은 밖에 누가 있느냐에 있지 않았다. 택시 기사가 고소를 남발하는 이유가 궁금해서 몇 십 분 되는 분량을 때로는 빨리 때로는 느리게 돌려 보았다. 술에 만취한 젊은 손님은 뒷자리에 타서 한동안 스마트폰을 만지다 이내 잠들었다. 택시 기사는 무표정하게 앞을 보고 운전만 했다. 둘 사이에 아무런 대화가 없어 녹화 장면의 대부분을 빨리 돌렸다. 그러다 끝 부분에 손님이 부스스 일어나더니 택시 기사와 몇 마디 얘기를 나누고 이내 잠들었다. 일상적인 분위기로 짧게 진행된 대화라 멈추지 않고 빠른 속도로 지나쳤다. 이즈음 택시 기사가 말한 행인이 차창 밖으로 스쳐 지나갔다. 그리고 영상 기준으로 몇 분쯤 지나자 택시가 멈춰 섰고, 깨어난 승객과 택시 기사가 말다툼을 벌이다 승객이 문을 쾅 닫고 나가자 택시 기사가 따라 나가며 영상이 끝났다.

도대체 둘은 왜 싸운 걸까. 말다툼이 시작된 부분으로 다시 돌아갔다. 목적지에 도착한 기사가 승객을 깨우고 있었다. 그런데 좀 이상했다. "다 왔어…… 일어나…" 애매하게 말 끝을 잘라먹고 있었다. 확실히 반말에 가까웠고 공격적인 말투였다. 부스스 일어난 승객은 뭔가 이상하다 여기는 눈치로 기사의 얼굴을 훑듯 살피며 돈을 건넸다. 기사는 빼앗듯 돈을 받아 들고는 승객을 쳐다보지도 않고 거스름돈을 건네는데, 승객이 돈을 받기도 전에 놔버렸다. 정확히는 돈을 던지는 쪽에 가까웠다. 돈은 바닥에 떨어졌고 승객은 잔뜩 혀가 꼬부라진 소리로 "아저씨 지금 나랑 싸우자는 거냐"고 응수했다. 기사는 "술 처먹고 취했으면 내려"라는 본격 반말로 맞받아쳤다. 불친절한 정도를 넘어선 명백한 도발이었다. 흥분한 승객은 욕설을 하며 택시 문을 쾅 닫고 나갔고 기사는 "너 지금 나에게 욕했어"라며 블랙박스가 작동하는지를 확인하고 나서야 밖으로 따라 나섰다. 그리고 "너 지금 뭐라 그랬어"라는 나이 든 목소리와 욕설을 하는 젊은 목소리가 들려왔다.

택시 기사는 무엇에 뿔이 나서 반말을 하고 돈을 던진 걸까. 앞서 대화를 할 때 승객이 무례한 말을 했나 싶어 다시 영상을 앞으로 돌렸다. "다 왔어요. 내리세요." 택시 기사는 존댓말을 하고 있었다. 부스스 일어난 승객은 주변을 두리번거리더니 졸린 목소리로 "아저씨, 좀 더 가셔야 돼요"라고 답했다. 전혀 무례하지 않았다. "여기부터는 좁아서 못 가요. 여기서 내리세요." 기사의 말 끝이 약간 희미해지기 시작했다. 승객은 "아저씨, 여기 너무 멀잖아요. 여기서 못 걸어가요" 하고는 다시 쓰러져 잠들었다. 역시 무례와는 거리가 멀었다. 대화는 더 이어지지 않고 택시 기사는 운전을 계속했다. 그냥 운전만 한 건아니었다. 간간이 입이 달싹거렸는데 소리는 들리지 않았지만 욕설을 하는 입 모양이었다. 기사가 택시를 다시 세울 때까지는 수 분이 걸렸다. 술에 취하지 않은 사람이 그냥 걷기에도 먼 거리였다. 도로도 그리 좁지 않았다. 차 두 대 정도는 간신히 교차할 수 있는 도시 주택가의 흔한 포장도로였다.

택시 기사는 작정하고 도발을 한 것이 분명했다. 우연히 나한테 두 번이나 발견될 정도면 그동안 얼마나 자주 이런 식으로 도발을 하고 고소를 해서 합의금이나 배상금을 챙겼던 것일까. 택시 기사에게 적용될 처벌 법조가 없을지 검토했다. 하지만 블랙박스 동영상을 돌려보고 또 돌려봐도 택시 기사는 내내 선 직전에서 멈추곤 했다. 욕설은 한 마디도 없이 "이게 지금 어디라고 행패야" 수준을 지속적으로 유지했다.

택시 기사는 법에 대해 매우 잘 알고 있었다. 승객이 욕을 한 것은 사실이지만 '공연성'이 입증되지 않아 기소할 수 없다 하니 그럼 경범죄 처벌법에 있는 소란 행위로 처벌해달라는 요구를 했다. 내게 "경범죄 3조 1항"이라고 구체적인 조문을 일러주기까지 했다. 택시 기사의 요구에 절대 응할 수 없었다. 승객을 경범죄로 처벌받게 하려는 저의를 잘 알고 있었기 때문이다. 승객이 처벌을 받으면 이를 근거로 승객에게 민사소송을 걸어 배상금을 받아내는 것이 목표였을 것이다.

─── **범죄를 유도하는 범죄?**

범죄자가 더 나쁜가 범죄 유도자가 더 나쁜가. 일단 승객의 경우 모욕죄의 요건을 충족하지 않으니 처벌할 수 없긴 했다. 하지만 공연성이 인정되어 모욕죄의 구성 요건에 해당했다면 승객을 처벌해야 하는 것일까.

형법의 입장은 단호하다. "제12조(강요된 행위) 저항할 수 없는 폭력이나 자기 또는 친족의 생명, 신체에 대한 위해를 방어할 방법이 없는 협박에 의하여 강요된 행위는 벌하지 아니한다." 누군가에 의해 범죄 행위를 강요받는 정도가 되어야만 처벌을 면할 수 있다. 그 강요의 정도도 자기나 가족의 생명과 신체에 대한 방어 불가능한 협박 정도는 되어야 한다. 상대방의 도발에 응해 범죄를 저지른 경우는 나중에 형량을 정할 때 참작이 될 수는 있어도 그것만을 이유로 무죄를 받을 수는 없다. 누군가가 도발을 해오더라도 맞대응 없이 신고를 하거나 아니면 상대에 대한 모욕이 되지 않는 선에서 항의하는 정도에 그쳐야 하는 이유다. 우리나라 법의 기본 입장은 폭력의 확대를 어떻게든 막겠다는 것이다.

범죄를 저지른 당사자야 그렇다 치더라도 범죄를 만들어내다시피한 택시 기사 같은 사람을 그냥 둘 수는 없었다. 하지만 그의 행위 자체에 법적 문제는 없었다. 그는 처벌 규정을 이미 잘 숙지하고 있었고 처벌 규정에 저촉되는 행위 직전에서 항상 행동을 멈추곤 했다.

다른 사람을 범죄 행위로 몰아간 부분에 대해서는 처벌이 이루어져야 하지 않을까. "제31조(교사범) ① 타인을 교사하여 죄를 범하게 한 자는 죄를 실행한 자와 동일한 형으로 처벌한다." 남을 꾀거나 부추겨 범행에 이르게 한 사람은 실제 범죄를 저지른 사람과 똑같이 처벌하겠다는 것이 형법의 태도다. 하지만 택시 기사를 이 규정으로 처벌할 수는 없었다. 규정을 잘 살펴보면 "죄를 범하게 한"이라는 구절이 있다. 교사범이 성립하려면 주범이 죄를 지어야만 한다. 그러나 이미 잘 알고 있듯 승객에게는 아무런 죄가 성립하지 않는 상황이었다. 공범은 주범이 전제된 개념인데 주범이 없으니 공범의 한 종류인 교사범도 성립할 수 없었던 것이다.

택시 기사의 악행을 반드시 끊고 싶었지만 방법이 없었다. "이런 나쁜 인간을 그냥 둘 것이냐"고 투덜거리는 택시 기사에게 "앞으로 이런 식으로 하면 당신도 교사범이 성립할 수 있으니 조심하라"고 경고하고 돌려보낸 것이 전부였다.

연수원을 수료한 뒤 법원, 검찰 실무 연수를 받았던 바로 그 관할구역에서 국선전담변호사 생활을 하고 있지만, 4년이 넘도록 그 택시 기사를 다시 만나지는 못했다. 주소지가 관할구역 내라 형사재판을 받게 되면 우리 사무실로 올 확률이 높다. 그를 다시 만나지 못한 이유는 그가 악행을 그만두었기 때문일까 아니면 여전히 법망을 피해 다니고 있기 때문일까. 지금도 택시를 탈 때마다 혹시 그가 아닐까 싶어 기사의 얼굴을 살피곤 한다.

용서받는 것의
어려움

————— 피해자와 합의하는 방법

수사의 왕은 자백이란 말이 있다. 자백 만한 증거가
없음을 일컫는 말이다. 말장난 같지만 그럼 자백의 왕
은 뭘까?

　　바로 합의다. 혐의에 대해 인정하는 이상 관심은
형을 얼마나 줄이느냐에 집중되는데 여기에는 합의 만
한 게 없다.

모욕, 명예훼손, 단순폭행, 단순협박의 경우엔 피해자와 합의를 하면 공소기각 판결이 나온다. 공소기각은 사건에 대해 아예 판단조차 하지 않고 재판을 끝내는 것이다. 피고인에게 어떠한 죄도 성립하지 않는다는 점에서 무죄와 비슷하다. 형법이 모욕을 친고죄로, 명예훼손 및 단순폭행협박을 반의사불벌죄로 규정하고 있기 때문이다. 친고죄는 피해자 본인의 고소가 있어야 수사 및 재판이 가능한 죄이고, 반의사불벌죄는 피해자의 의사에 반해 피고인을 처벌할 수 없는 죄다.

합의는 실형을 받고 감옥에 가느냐 아니면 집행유예 상태로 밖에 있느냐를 결정한다. 2013년 형법이 개정되기 전까지만 해도 단순강간 및 강제추행은 친고죄였다. 이제는 성범죄 대부분이 비친고죄로 바뀌었지만 합의의 효과는 여전히 강력하다. 우발적인 범행이었다, 폭력이나 협박의 정도가 경미했다, 피고인이 전과가 없는 초범이었다, 상대방이 동의한 것으로 착각할 만한 이유가 있었다··· 등등 긁어모을 수 있는 모든 감형 사유를 긁어모아도 합의만 못하다. '합의하면 집행유예, 못 하면 실형'이라고 선언해도 좋을 정도다.

강간죄의 경우 초범이라도 3년에서 3년 6개월 정도의 실형, 강제추행 역시 짧게는 수 개월 길게는 2년 정도까지 실형을 각오해야 한다. 하지만 피해자와 합의하면 계획적인 범행이거나, 폭력의 정도가 제법 강했거나, 피고인에게 소소한 전과가 있어도 집행유예 판결이 나오곤 한다. 성범죄 피고인이 죄를 자백하는 경우 피해자가 재판을 한다고 봐도 좋을 정도다.

사기, 횡령, 배임, 절도 역시 비슷하다. 이런 류의 범죄는 피해액이 많을수록, 피고인이 작정하고 범죄에 달려든 것일수록 형량이 높아진다. 하지만 역시나 피해자와 합의하면 집행유예라고 봐도 된다. 피해액이 십 억 단위가 넘어가도 피해자와 합의가 있으면 집행유예 판결이 나오곤 한다.

"합의를 어떻게 하죠?" 합의를 권하고 나면 반드시 돌아오는 질문이다. 나로서는 딱히 해줄 말이 없다. 묻는 피고인보다 내가 더 안다고 할 만한 게 없기 때문이다. '합의'라 하니 뭔가 법적인 용어 같지만 사실 법과는 딱히 관계가 없다. 합의는 더도 덜도 아닌 용서를 받는 것이다. 변호사라고 해서 용서받는 법을 더 잘 알 리 없잖은가. 법대, 사법연수원, 로스쿨, 신림동 고시촌 그 어디에서도 합의 방법에 대해 따로 가르쳐주지 않는다.

"합의금을 얼마나 줘야 하죠?"라는 질문에 답할 수 없는 이유 또한 같다. 용서에 적정가격이 어딨겠는가. 합의금 역시 법적인 개념이 아니다. 어떤 피해자는 그냥 용서해주기도 하지만 어떤 피해자는 너무 화가 난 나머지 용서를 해주지 않는데, 이때 '이 돈이라도 받고 저를 용서해주세요' 라는 명목으로 건네는 돈이 합의금이다. 정가가 없을 수밖에 없다. 시중가라고

부를 만한 게 있긴 한데 재밌는 건 이 시중가의 형성 과정이다. 정가가 있다는 세간의 믿음이 결국 시중가를 만들어낸 것으로 보인다. 피해자가 적절한 합의금이 얼마인지 주변에 물어보는 과정에서 세간에 떠돌아다니는 액수가 피해자의 귀에 들어가고, 이게 피해자의 요구금이 된다. 대개 합의는 이 금액 선에서 이루어진다. 성폭행의 경우 천에서 2천만 원, 강제추행의 경우 천만 원 이하, 폭력 사건의 경우 전치 1주당 50~70만 원 정도에 보통 합의가 이루어지곤 하는데 이 금액에는 아무런 근거가 없다. 수요와 공급 곡선이 있는 것도 아닌데 비슷한 금액에 합의가 이루어지는 걸 보면 정말 신기하다.

"상대방한테서 합의 좀 대신 받아다 주세요"라거나 심지어 "왜 변호사가 합의를 안 봐주냐?"라고 당당히 요구하는 피고인도 있다. 이런 얘기를 들으면 참으로 난감하다. 피고인을 대신해 합의를 보면 안 된다는 규정은 없지만 요청에 응하기가 꺼려진다. 피고인이 범죄를 쉽게 생각할까봐 걱정스럽기 때문이다.

한 피고인은 살인미수 혐의를 받고 있었다. 쇠 파이프로 피해자의 머리만 집중적으로 7~8차례 가격해 피해자는 수십 바늘을 꿰매야 했다. 이 사건에서는 이례적으로 이웃들이 피고인의 엄벌을 요구하는 탄원서를 제출했다. 피고인의 선처를 요청하는 게 아니라 엄벌을 요구하는 탄원서가 제출되는 건 드문 일이다. 피고인의 선처를 요청하는 탄원서를 받으러 다니는 쪽은 피고인 쪽이다. 반면 엄벌을 요구하는 탄원서에는 피해자 쪽에서 나선다. 피고인은 형을 줄여야 하는 절박한 목표가 있지만 대부분의 피해자에겐 피고인의 엄벌이 그 정도까지 절박하지 않다. 게다가 탄원서를 써주는 쪽에서도 누군가의 선처를 바란다는 탄원서는 써줄 수 있지만, 엄벌을 바란다는 탄원서는 선뜻 써주기가 어렵다. 혹시라도 있을지 모르는 보복이 걱정되지 않겠는가. 그러니 이쯤 되면 피고인은 동네에서 인심을 잃은 정도가 아니라 공공의 적이 됐다 봐야 했다.

피해자는 지체 장애인이었다. 피고인은 뭘 쳐다보냐며 휠체어에 앉아 있는 피해자에게 시비를 걸다가 쇠파이프를 들고 와 피해자의 머리를 내리쳤다. 피고인의 집 주변에는 지체 장애인들이 많이 살았는데 피고인은 이들에게 자주 시비를 걸곤 했다. 신고가 들어갔지만 그때마다 피고인은 피해자들에게 찾아가 "니들이 아무리 신고해도 나는 집행유예로 나온다. 그냥 합의를 하는 게 좋을 것이다"라고 겁을 주어 합의를 하곤 했다. 사실은 피해자들이 합의를 해주니 피고인이 번번이 집행유예나 벌금형으로 풀려나올 수 있었던 것이다. 이를 알 리 없었던 주민들은 피고인의 위세에 벌벌 떨다, 이 사건으로 피고인이 아예 구속이 됐다는 소문이 돌자 용기를 내 탄원서를 낸 것이었다.

다시 피해자와 합의를 볼 수 있다고 생각했던 걸까? 파출소에서 찍힌 사진 속 피고인은 팔짱을 낀 채 파출소 소파에서 잠을 청하고 있었다. 피해자가 피투성이가 되어 혼절해 병원에 실려 간 상황에서 지나치게 자신만만한 모습이었다.

손쉽게 합의를 보는 건 피고인을 생각할 때도 썩 좋은 일이 아니라는 생각이다. 설사 진심으로 반성하지 않더라도 합의를 받기 위해 마음을 졸여봐야 다음엔 더욱 조심하게 되지 않을까.

──── 합의가 어려운 경우

'피해자가 합의를 봐주지 않는다', '합의를 봐줄 것처럼 하더니 갑자기 말을 바꿨다'. 사실 이 정도만 되어도 운이 좋은 축에 들어간다. 일단 합의할 상대방이라도 있는 것 아닌가. 앞서 합의의 효과가 강력하다고 거론했던 모욕, 명예훼손, 성폭력, 폭행협박, 재산죄는 모두 개인의 권리를 침해한 죄로 피해자가 분명한 범죄다. 그러나 내란죄, 공직선거법 위반 같이 국가적 법익을 침해한 죄나 마약범죄, 성매매 같은 풍속사범은 구체적인 피해자가 없다. 합의를 하고 싶어도 합의를 할 상대방이 없는 것이다.

피해자가 분명해도 합의가 불가능한 죄도 있다. 경찰을 상대로 한 공무집행방해죄다. 술에 취해 임무 수행 중인 경찰관을 때리는 사람이 종종 있는데, 이들이 피해 경찰관과 합의를 하는 건 불가능에 가깝다. 경찰 측에서 합의를 금지하고 있기 때문이다. 혹여라도 경찰관이 합의금을 노리고 폭력을 유도할 것을 우려한 조치다.

피해자가 분명한 경우라도 피고인과의 연락을 피해버리면 방법이 없다. 용서를 빌고 싶어도 빌 기회조차 없는 것이다. 성 범죄에 이런 경우가 많다.

합의가 안 되는 걸 피해자의 탓으로 돌리는 사고방식은 곤란하다. 합의라고 하니 대등한 협상이나 거래라고 착각하는 것 같은데, 거듭 말하지만 합의는 피해자에게 용서를 받는 것이다. 오로지 피해자가 칼자루를 쥐고 있고 피고인은 그저 피해자의 너그러운 처분만을 바라는 처지란 얘기다. 피해자가 합의를 봐주지 않거나 말을 바꾼다 해도 피해자를 원망하는 마음을 가지면 안 된다. 이런 마음을 내비치는 피고인들 혹은 그 가족들에게 피해자를 몇 번이나 만나봤냐 물으면 대개 "전화를 걸어봤는데 저쪽에서 쌀쌀맞게 굴더라"라는 말을 하곤 한다. 용서를 구하기 위해 아무것도 안한 거나 마찬가지다. 전화 한 통화로 합의에 성공하는 경우를 본 적이 없다. 피해자를 찾아가 무릎을 꿇고 여러 번 머리를 조아릴 각오를 해야 합의에 이를 수 있다. 피해자가 합의를 봐주지 않아서 합의가 불가능할 것 같다 했던 피고인들도 결국 이런 과정을 통해 합의에 이르곤 했다.

피고인이 무죄를 주장하고 있을 때도 합의를 해야 할까? 결백한데 왜 피해자의 용서를 받아야 하나 싶지만 그게 그렇지가 않다.

인기 진행자이자 사업가였던 A씨가 성폭행 혐의로 피소된 사건이 있었다. 나이트클럽에서 만난 여성을 자신의 자동차에서 주먹으로 때리고 성폭행했다는 혐의였다. 수사 과정에서 A씨는 성관계가 합의하에 이루어진 것이라 강력히 주장했지만, 검찰은 A씨의 혐의를 인정하여 강간치상으로 기소했다.

재판에 이르자 사건은 반전을 맞이했다. 상대 여성이 A씨와 성관계를 가진 뒤 친구들에게 찾아가 자신을 때려달라고 부탁했다는 사실이 밝혀졌고 이어 이 여성이 이전에도 몇 차례 성관계 뒤 강간을 당했다 주장하며 상대 남성을 고소하고 거액의 합의금을 받아낸 적이 있다는 것이 밝혀진 것이다. 결국 A씨의 결백은 입증되었고 상대 여성은 미국으로 도피해 아직까지 한국에 들어오지 않고 있다.

이 얘기를 하는 이유는 재판을 시작하면서 A씨가 가장 먼저 한 일이 상대 여성과의 합의였기 때문이다. 전 국민이 자신을 의심해도 A씨만은 스스로의 결백을 알고 있었을 것이다. 하지만 그는 결백을 다투는 한편 여성에게 2억 원을 주고 합의를 했다. 인생을 걸고 도박을 할 수 없었기 때문이었을 것이다. 성범죄의 경우 증거가 피해자의 진술밖에 없어 죄가 있고 없고를 쉽게 가려낼 수 없다. 게다가 합의가 되지 않은 상태에서 유죄판결을 받으면 보통은 실형이 선고되기 때문에 타격도 크다. 무죄를 다투는 피고인에게도 한 번쯤 합의를 권하는 이유다.

"합의하면 혐의를 인정하는 것 아니냐"는 질문을 물론 받는다. 사실 판사들도 합의와 혐의 인정은 별개라는 것을 잘 알고 있다. 하지만 걱정스러운 건 합의가 무죄를 받는 데 방해가 되긴 한다는 사실이다. 특히나 성범죄의 경우 밀실에서 일어나는 경우가 많아 그 진실이 불분명한 경우가 많은데 피고인이 피해자와 합의를 보면 판사 입장에선 유죄판결을 쓰는데 덜 미안함을 느낀다고들 한다. 사석에서 얘기를 해보면 나오는 얘기다.

세상 모든 일이 그렇지만 결국 정도의 차이다. 항상 퇴각을 생각하고 전투에 임해야 하지만 때로는 돌아갈 다리를 불태워버리고 싸우기도 한다. 소송 역시 합의 없이 정면 돌파를 할지 아니면 무죄를 다투더라도 만약의 사태를 대비해 합의를 할지 선택해야 한다. A씨 사건의 경우 재판 중간에 위와 같은 사실이 밝혀지지 않았다면 아마 유죄판결이 나올 확률이 높았을 것이다.

몇 번 합의를 시도해보고 합의가 안 되니 공탁을 하겠다는 쿨한 피고인도 있는데 역시나 더 노력해보라고 돌려보내곤 한다. 공탁은 법원에 돈을 맡겨두고 피해자에게 찾아가라고 통지하는 것이다. 뭔가 쿨내가 나지 않는가. 법원의 양형 기준에는 합의한 경우 형을 감해주라 명시되어 있으나, 공탁을 한 경우는 판사 재량에 맡겨져 있다. 돈을 그냥 던져놓고 나오는 게 용서를 받는 것에 비해 효과가 좋을 리 없다. 법원에서도 상당한 금액이 아니고선 공탁을 해도 별로 감형을 해주지 않는다. 결국 나가는 돈은 비슷하다. 끝까지 합의를 포기해서는 안 되는 이유다.

사람이 범죄를 저지르면 두 가지 책임이 발생한다. 하나는 국가에 대한 형사책임이다. 국가가 금지하는 범죄를 저질렀으니 벌을 받을 책임을 지는 것이다. 나머지는 피해자 개인에 대한 민사책임이다. 피해자에 대해 신체적 물질적 정신적 손해를 입혔으니 이를 경제적으로 배상할 책임이다. 두 책임은 완전 별개다. 국가에 대해 벌금을 냈다고 해도 피해자에 대한 민사책임 문제는 여전히 남는다. 피해자 입장에서는 합의를 해주지 않아도 별로 아쉬울 게 없다. 민사책임을 묻는 별도 소송을 피고인을 상대로 제기하면 되는데, 형사재판 결과가 나오면 이 소송이 무척 간단해진다. 자신의 피해액을 증명해 형사재판 판결문만 첨부하면 입증이 끝나는 것이다. 어차피 피해자에 대한 배상을 해야 한다면 형사재판 결과가 나오기 전에 하고 형을 적게 받는 게 피고인 입장에선 여러 모로 이익이다

수사의 왕은 자백, 자백의 왕은 합의, 그렇다면 합의의 왕은 뭘까? 엄마다. 합의가 난항을 겪고 있는 피고인에게 항상 엄마가 있냐 물어보곤 한다. 합의가 되지 않을 때 피고인의 엄마가 등판하면 합의가 잘 된다. 피고인 본인보다 훨씬 더 합의에 절박하게 매달리고 피해자에게는 피고인 본인이 찾아가는 것보다 더 큰 동정심을 불러일으킨다. 하지만 상당수 국선 피고인에게는 엄마가 없다. 가족도 면회 오는 지인도 없는 경우가 많다.

봉준호 감독의 영화 〈마더〉는 살인 혐의를 받는 지적장애 아들의 결백을 입증하기 위한 엄마의 분투를 그린 영화다. 감독은 영화를 통해 모성에 내재한 광기를 그리고 싶었다 말했지만, 국선변호사인 내가 볼 땐 아무리 봐도 형사재판에서 엄마의 중요성을 그린 영화다. 영화 마지막 즈음 엄마 역의 김혜자가 하는 대사 "너 엄마 있니?"는 나도 매일 외치고픈 말이다.

무 죄 를
받 을 수 있 는
재 판

————— 국민참여재판은 피고인에 유리한가

상담 중 피고인이 가장 많이 던지는 질문은 "저는 재
판에서 무엇을 해야 합니까?"이다. 피고인의 역할은 재
판이 어떤 절차로 진행되는지 살펴보면 알 수 있다.

　　재판이 시작되면 재판장은 피고인에게 생년월
일, 주소, 등록기준지(본적)를 묻는다. 다른 사람이 대
신 법정에 와서 피고인인 척하는지 가려내기 위해 묻

는 것인데 형식상 절차에 가깝다. (그 사람이 맞는지 신분증 검사를 하는 것을 본 적이 없다.) 사실상 여기까지가 피고인 역할의 전부다. 변호인이 있다면 그 다음부터는 재판 내내 말 한마디 안할 수 있다. 다음 순서는 국민참여재판을 신청할지 묻고, 자신의 혐의를 인정하는지 부인하는지 묻는 절차인데 변호인이 대신 답할 수 있다. 이후 증인신문을 할 때도 변호인이 하고, 최종변론 역시 변호인의 몫이다. 변호인의 최종변론이 끝난 뒤에야 피고인에게 마지막으로 할 말이 있는지 묻는데 이에 답할지 말지는 전적으로 피고인의 자유다.

나름의 루틴이 깨지기 시작한 것은 얼마 전부터다. 상담할 땐 국민참여재판을 안 받겠다고 해놓고, 재판정에 와서 말을 뒤집는 사람이 부쩍 늘었다. 재판 직전에라도 미리 얘기해주면 좋으련만, 재판장의 물음에 내가 답변을 하고 있는데 퍼뜩 떠올랐다는 듯 말을 자르고 들어오는 통에 무척 민망하다. 안 그래도 국선변호사가 일을 대충한다는 세간의 시각이 있는 판인데, 재판정에서 변호인이 피고인과 다른 주장을 하면 다들 뭐라고 생각하겠는가. '피고인이 하고 싶은 말이 있는데 변호사가 찍어 눌렀다 생각하지 않을까, 피고인과 상담을 하지 않았거나 대충했다고 생각하지 않을까' 하는 남 눈치 보기부터 '나를 못 미더워 하는 것이 아닐까. 이래서 변호사로 먹고살 수 있겠는가' 라는 자괴감까지. 이 나이 먹어 아직도 뻔뻔해지지 못해 그만 귓불이 새빨개지곤 한다. 그래도 어쩔 수 없다. 변호인은 결국 피고인을 대리하는 사람이다. 본인의 의사를 거스를 수 없으니 피고인이 얘기하게 둘 수밖에 없다. 특히 구치소에 구속된 상태에서 재판을 받는 피고인일수록 이런 경우가 많다.

상담 과정에서 국민참여재판을 받을 것인지 일반 재판을 받을 것인지를 반드시 물어보곤 한다. 그러면 피고인의 반 정도는 국민참여재판이 뭔지 되묻는데, 법관이 아닌 무작위로 추첨된 일반 국민들로 구성된 배심원단한테 재판을 받는 것이라 설명해준다. 그럼 다시 반 정도는 어떤 게 더 유리한지 되묻고, 나머지 반은 시큰둥하게 그냥 일반 재판을 받겠다 말한다. 구체적인 통계를 내보지는 않았지만 돌연 입장을 바꾼 사람들은 이 시큰둥한 그룹에서 주로 나왔다. 이유가 뭘까? 다시 구치소로 찾아가 입장을 바꾼 이유를 물어보면 "같은 방 재소자들이 권해서"라는 답이 대부분이었다. 나와 접견할 때 국민참여재판에 대해 처음 듣고 대수롭지 않게 생각했는데, 감방으로 돌아가 동료 재소자들에게 얘기하니 심각한 얼굴로 꾸짖더라는 것이다. 무죄 받을 확률도 훨씬 높고 유죄를 받아도 형이 가볍게 나오는데 왜 국민참여재판을 받지 않냐고들 했다는 것이다.

'국민참여재판 받은 피고인 무죄율 일반 형사재판보다 8배 높다' 한 신문 기사 제목이다. 법원행정처가 낸 통계를 인용한 기사에 따르면, 국민참여재판에서의 무죄율이 6.8%로 국민참여재판 대상이 되는 죄에 대한 일반 재판에서의 무죄율 0.9%보다 약 8배 가량 높았다. 무려 8배의 차이라면 기적의 묘약 아닌가. 이 기사가 사실이라면 지금부터 모든 피고인들은 국민참여재판을 받아야 한다. 하지만 나는 국민참여재판을 원하는 피고인을 만류하는 경우가 더 많다.

변호사 입장에서 국민참여재판은 일반 재판의 두 배 이상 힘들긴 하다. 일반 형사사건에서 변호사가 하는 일은 검찰 측 증거를 꼼꼼히 검토하고, 유리한 증거를 찾고, 증인을 신청해 법정에서 증인신문을 하고, 이를 바탕으로 피고인에게 유리한 논리를 구성하는 일이다. 국민참여재판이라고 다르지 않다. 다만 국민참여재판에서는 이렇게 정리된 내용을 배심원단에게 알기 쉽게 설명해야 하는 임무까지 부여된다. 한마디로 변호사 업무에 강사 역할까지 해야 하는 셈이다. 이런 탓인지 법원에서는 국민참여재판 1건을 변호하면 일반 재판 3건을 변호한 것으로 쳐주기도 한다.●

그러나 국민참여재판을 만류하는 이유는 결코 귀찮아서가

●
서울고등법원 산하 법원에서 근무하고 있는 국선전담변호사의 경우 한 달에 25~28건 정도를 변호해야 한다. (2016년 기준)

아니다. 사실 국민참여재판 변호 횟수로 따지면 전국에서 세 손가락 안에 들지 싶을 정도다. 한 달에 한 번꼴로 국민참여재판을 하고 있고, 요새는 다른 재판부에서 들어오는 사건까지 하느라 한 달에 두 번 꼴이다.

내가 국민참여재판을 만류하는 이유는 체감 무죄율이 결코 높지 않기 때문이다. 무죄율이 8배라는 법원 통계는, 무죄를 주장하는 피고인들이 국민참여재판을 많이 원하기 때문에 나온 수치다. 혐의를 인정하는 피고인은 재판을 조용히 빨리 끝내려고 하기 마련이다. 그들은 여러 사람이 지켜보는 가운데 자신의 범죄 사실이 낱낱이 드러나는 것을 피하고 싶어 하고, 국민참여재판 날짜를 기다리는 것을 스트레스로 여긴다. 국민참여재판은 보통 3~4개월을 기다려야 받을 수 있다. 재판에 하루가 꼬박 걸리는 탓에 기존에 잡혀 있는 재판 일정을 피해서 잡아야 하기 때문이다. 유죄를 인정하는 피고인들과 무죄를 다투는 피고인들이 섞여 있는 일반 재판의 무죄율과 결백을 주장하는 피고인들이 주를 이루는 국민참여재판의 무죄율을 비교하면 당연히 국민참여재판의 무죄율이 높을 수밖에 없다.

국민참여재판 선택권이 피고인에게 있다는 사실도 잊어서는 안 된다. 다시 말해 피고인은 국민참여재판과 일반 재판 중 자신에게 좀 더 유리한 절차를 택할 수 있다는 얘기다. 국민참여재판을 받는 게 유리하다고 판단하는 피고인들이 선택한 것이니 무죄율이 높을 수밖에 없다.

─── 배심원을 설득할 자신이 있다면

그럼 국민참여재판이 유리한 사건은 무엇이고 불리한 사건
은 무엇일까? 정확한 통계는 없지만 누군가 내 의견을 묻는다
면, 국민참여재판을 피해야 하는 경우만큼은 확실하게 답해줄
수 있다. '사람들이 싫어할 만한 사건'은 절대 국민참여재판으
로 가져가서는 안 된다. 대부분의 사람은 좋고 싫음이 옳고 그
름에 우선한다. 정치적 이슈에 관한 사람들의 태도를 지켜보면
이 점을 이해할 수 있다. 정치인이 하는 주장에 따라 지지 여
부가 달라지는 경우보다 정치인에 대한 지지 여부에 따라 그의
주장을 놓고 보이는 태도가 달라지는 경우가 더 많다. 좋고 싫
음은 옳고 그름에 대한 판단에 심각하게 영향을 미친다. 피고
인이 미움을 살 것 같다는 판단이 들면 국민참여재판을 적극
적으로 말리는 이유다.

14개월 된 의붓아들이 자꾸 운다고 때려 죽인 아버지의
경우 혐의는 인정하지만 자신에게 정신질환이 있으므로 이를
사람들에게 호소해보고 싶다 했다. 피고인은 강하게 국민참여
재판을 요구했지만 몇 번을 찾아가 설득한 끝에 일반 재판을
받았다. 여의도 칼부림 사건, 서울시의원 살인 청부 사건의 경

우 모두 국민참여재판으로 진행됐지만 상당한 중형을 선고받았다. 국민참여재판의 양형은 결코 약하지 않다.

국민참여재판이 일반 재판과 본질적으로 다른 부분은 바로 정치논리다. 일반 재판의 경우 설득해야 할 대상이 1명 혹은 최대 3명이다. 1심, 2심 모두 1명 혹은 최대 3명의 판사로 재판부가 이루어지기 때문이다. 3명으로 이루어진 재판부의 경우도 사실 설득해야 할 대상이 3명 모두는 아니다. 연차나 직급이 가장 높은 재판장이 판단에 입김을 끼치는 경우가 많기 때문이다. 반면 국민참여재판은 5~9명으로 이루어진 배심원단이 판단을 한다. 다수의 사람으로 이루어진 그룹이 토론을 통해 결론을 도출하는 절차니 정치논리가 작용할 수밖에 없다. 이 상황에서는 배심원 개개인을 우리 편으로 만드는 것만큼이나 얼마나 열성적으로 우리를 지지하게 만드느냐가 중요하다. 이들에게 우리가 정의라는 확신을 주면 토론 과정에서 우리를 지지하는 것이 자랑스러운 일이 될 것이다. 하지만 그 반대의 경우 설사 설득하는 데 성공한 배심원이라도 토론 과정에서 자신의 입장을 유지하기 쉽지 않다.

——— 70대 노인 강간살해 사건

교만은 늘 독이 된다. 얼마 전 끝난 사건은 이 부분에 대한 판단을 그르쳐 중형이 선고된 것은 아닌지 크게 자책하고 있다. 70대인 피고인은 7년 형을 선고 받았다. 피고인은 역시 70대인 이웃 여성을 강간하고 그 과정에서 밀쳐 살해한 혐의를 받고 있었다. 피고인을 만나기 전, 피고인에 대한 수사기록을 읽어보니 피고인이 수사받는 태도가 그리 좋아 보이지 않았다. 처음에는 범죄를 부인하다가, 수사관이 추궁하자 혐의를 다 인정해놓고 다시 벌어진 조사에서는 자신에게 불리한 수사를 한다는 이유로 수사를 거부하기까지 했다. 게다가 이후 검찰 조사에서는 혐의를 다 인정하고 법정에 와서 다시 혐의를 부인하고 있었다.

피고인은 피해자가 자신의 애인이었으며 합의하에 성관계를 한 뒤 다툼이 생겨 피해자를 살짝 밀쳤는데 그만 사망한 것이라 주장했다. 사실 성범죄자들의 이런 모습이 새삼스럽진 않다. 성관계 자체를 부인하는 상황이라면 모를까 성관계 사실 자체는 인정하면서 상대의 동의가 있었다고 주장하는 피고인들의 대부분은 상대의 거부 의사 표시를 자기 좋을 대로 해석하는 경우가 많다.

피고인에게는 범행을 의심할 만한 결정적인 근거가 있었는데 바로 목에 있는 할퀸 상처였다. 사실 성범죄에서 증거가 두 가지 이상 나오기란 쉬운 일이 아니다. 은밀한 장소에서 벌어지는 사건의 특성상 피해자의 진술 말고는 증거가 없는 경우가 수두룩하다. 피해자가 사망한 상태에서 피고인 본인이 자백까지 했었고 이를 뒷받침하는 상처까지 있는 이상 일반 재판이라면 피고인이 강간 혐의로 유죄판결을 받을 것이 확실해 보였다. 다만, 피해자를 사망케 한 혐의만은 무죄를 받을 여지가 있어 보이긴 했다. 피해자의 사망 원인이 '만성 심근경색'이었기 때문이다.

살인 사건의 모든 피해자는 '급성'질환으로 사망한다고 봐야 한다. 멀쩡하던 피해자가 피고인의 가해 행위로 인해 치명상을 입고 이로 인해 단시간 내에 사망하는 것이다. 만성은 쉽게 말해 평소 앓던 지병이라는 뜻이다. 피해자의 사망 원인이 만성 질환이라는 건, 피해자는 이미 치명적인 병에 걸려 있었고 다만 우연히 피고인이 함께 있을 때 그 증상이 나타나 사망했다는 의미다. 피고인이 피해자에게 어떤 충격을 가해 증상을 급격히 악화시켰다해도 이를 피고인의 책임으로 돌릴 수는 없었다. 선천적으로 두개골의 두께가 얇은 사람의 뺨을 후려쳐 뇌압 상승으로 인해 사망케 한 사건에서 대법원은 가해자가 이 정도 폭행으로 피해자가 사망하리라는 것을 도저히 예측할 수 없었다는 이유로 무죄를 선고한 적이 있다. 이 사건의 피해자 할머니조차도 자신에게 만성 심근경색이 있었다는 것을 모른 듯 했다. 생전에 만성 심근경색 관련한 약을 처방받은 적이 없었다. 본인도 모르는 병을 피고인이 알았을 리 만무했다.

피고인이 범행을 부인하는 이상 피고인의 의견에 따를 수밖에 없었다. 국민참여재판을 받겠다는 고집도 강하게 말리지 못했다. 사실 나는 사건을 뒤집을 가능성이 있다고 생각했다.

범행 현장이었던 할머니의 집은 흐트러진 곳 없이 깨끗했다. 피해자인 할머니에게서는 특별한 외상조차 발견되지 않았다. 부검 과정에서 머리와 어깨 안쪽의 상처가 발견되긴 했지만 그리 큰 상처는 아니었다. 피해자가 정신을 잃고 넘어지며 생긴 상처라 봐야 했다. 피고인과 피해자 사이에 격렬한 몸싸움은 없었다는 의미다. 수사기록을 살펴보니 피고인은 피해자를 밀쳤다고 인정하긴 했지만, 자세한 내용은 조사를 받을 때마다 매번 달라졌다. 처음엔 성관계가 끝나고 일어서 있는데 피해자가 자신의 목을 할퀴어서 세게 밀었다고 진술했다가, 나중에는 침대 위에 나란히 앉아 있다가 상체를 밀었다고 진술했다.

피해자와 연인 관계였다는 피고인의 주장과 달리 피해자의 유족들은 피고인에 대해 전혀 들어본 적이 없다고 진술했다. 그러나 반대되는 증거도 꽤 있었다. 둘이 가까운 사이였다면 어떻게 근처에 사는 유족이 피고인에 대해 모를 수 있냐 반문했더니 피고인은 화를 내며 "00동에 사는 가족이 그런 얘기를 하냐?"고 반문했다. 피고인이 어찌 피해자의 가족을 안단 말인가. 놀라서 피해자 가족에 대해 아는 게 있으면 전부 말해달라 했다. 피고인은 피해자의 가족에 대해 무척 소상히 알고 있었다.

특히 가족들의 어린 시절 에피소드는 피해자의 입을 통하지 않고서는 피고인이 도저히 알 수 없는 내용들이었다. 게다가 피고인은 어떻게 피해자의 집에 들어갈 수 있었을까? 이 지역에서 요구르트 배달을 하던 아주머니의 진술이 있었다. 평소 아주머니로부터 자주 요구르트를 구입하던 피해자가 이날은 요구르트 값을 지불하면서 요구르트를 할아버지에게 배달해주고, 할아버지 줄 모자를 샀으니 집으로 받으러 오라고 전해달라고 했다는 것이었다.

피고인은 왜 수사 과정에서 몇 차례나 자백을 했을까. 피고인은 귀가 잘 안 들려서 질문 내용을 제대로 이해하지 못한 채 답했다고 말했다. 잘못하면 생을 감옥에서 마감할지도 모르는 상황인데 대충 답변한다는 것이 말이 된단 말인가. 피고인은 이 사안이 이렇게 심각한 사안인지 몰랐고, 수사관들이 화난 얼굴을 바짝 대고 소리를 고래고래 지르는 바람에 겁에 질려 대충대충 넘겼다 말했다. 무언가 이상하게 흘러간다는 생각이 들어 중간에 수사도 거부해봤지만 꾸준히 밀고 나갈 힘도 자신도 없었다고 한다. 나 역시 접견하는 내내 피고인이 내 말을 제대로 알아듣지 못하고 동문서답으로 일관하는 점을 이상하게 여겼었다. 처음에는 뻔뻔하게 오리발을 내미는 거라 생각했는데 진짜 내 말을 못 알아듣는 것이었다. 아무리 노인이라도 이 정도로 청력이 안 좋을 수가 있을까. 급기야는 귀에 입을 대고 소리를 고래고래 질러봤지만 간간히 내 말을 알아들을 뿐이었다. 피고인과 싸움이 났다 판단한 교도관이 달려올 정도였다.

피고인은 청각장애 3급이었다. 이 사건을 하다 알게 된 사실인데, 청각장애에는 1급이 존재하지 않는다. 두 귀의 청력을 완전 상실한 경우가 청각장애 2급이고 피고인과 같은 3급은 귀에 입을 대고 말해도 잘 듣지 못하는 경우에 해당한다. 청각장애에 1급이 없는 이유는 청력을 전부 상실해도 사회생활이 불가능하지 않다는 판단에서다. 청각장애 뿐만 아니라 안면장애, 신장장애 등에도 1급이 없다고 한다.

문제는 지금은 사회생활이 가능한지 여부를 따지는 상황이 아니라는 점이다. 귀가 제대로 들리지 않는 70대 피고인을 앉혀놓고 아무런 조력 없이 조사를 진행한다는 것이 온당한 일인가.

외국인 범죄자의 경우 수사와 재판 단계에서 항상 통역이 배석해야만 한다. 의사소통이 어렵기로 치자면 외국인이나 청각장애인이나 마찬가지일 텐데 왜 피고인은 홀로 조사를 받아야만 했을까. 혹시 수사기관이 법을 어긴 것은 아닐까.

형사소송법에 장애인 조사에 관한 규정이 있지 않을까 싶어 형사소송법을 찾아보다가 두 눈을 의심할 수밖에 없었다. 외국인은 수사 과정에서 통역의 배석이 필수적이나, 청각장애인은 통역이나 조력자의 배석이 임의적인 사항으로 규정되어 있었다. 이 말인즉슨 외국인을 수사하는 과정에서 통역인을 배석하지 않으면 그 수사는 위법한 것이 되지만, 청각장애인을 수사하는 과정에서 수화 통역사나 보조인이 없어도 그 수사는 전혀 위법한 것이 아니라는 얘기였다. 이게 말이 되는가.

재판 준비에서 시간을 가장 오래 소요한 부분이 바로 수화 통역사나 보조자 없이 이루어진 피고인에 대한 조사가 위법하다는 근거 규정을 찾는 과정이었다. 여러 시간이 걸린 끝에 찾아낸 조문은 형사소송법도 형법도 아닌 장애인차별금지 및 권리구제 등에 관한 법률 제26조였다. "사법기관은 사건 관계인에 대하여 의사소통이나 의사 표현에 어려움을 겪는 장애가 있는지 여부를 확인하고, 그 장애인에게 형사사법 절차에서 조력을 받을 수 있음과 그 구체적인 조력의 내용을 알려주어야 한다." 분명 사법기관에게 먼저 피고인의 장애 여부를 확인할 의무와 도움을 받을 수 있는 권리에 대해 알려줄 의무를 부여한 규정이었다. 이런 규정이 있음에도 수사기관이 이를 준수하지 않은 이유는 형법과 형사소송법이 아닌 다른 법률에 규정이 숨어 있었기 때문으로 보인다. 나 역시 이 사건 때문에 조사를 하기 전에는 이런 조항이 있는 줄 전혀 모르고 있었다.

하지만 재판부는 검찰조서의 증거능력을 인정했다. 피고인이 범행에 대해 세세하게 묘사한 것이 그대로 재판에 제출된 것이다. 우려는 현실이 되었다. 검사가 피고인의 진술 내용을 낭독하자 50대 여성 배심원은 "아이고! 세상에"라고 탄식하기까지 했다. 결과는 혐의 전부에 대한 만장일치의 유죄였다. 국민참여재판 결과에 대해 되도록 존중을 하는 법원의 태도상 결과가 2심에서 뒤집힐 가능성은 적었다.

안타까운 것은 피고인이 피해자를 사망케 한 점에 대한 부분이었다. 피고인과 피해자 사이에 격렬한 다툼이 없었다 볼 여지가 많았고, 피고인이 피해자의 지병에 대해 도저히 알 수도 없었다. 게다가 예측 가능성이 없었다는 이유로 비슷한 사건에서 무죄를 선고한 선례도 있는 상황이었다. 성폭행 혐의에 대해서는 인정하면서 살해 혐의에 대해서 다퉜거나 혹은 일반 재판에서 다퉜다면 재판 결과가 달라지지 않았을까. 끝난 뒤에도 여러 번 곱씹게 되는 사건이었다.

피고인 입장에서 국민참여재판의 진정한 의미는 선택권이다. 행정부, 입법부의 경우 직접 투표를 통해 그 구성에 관여할 수 있지만 사법부의 경우 구성에 관여할 직접적 수단이 주어지지 않았을 뿐만 아니라 그 절차에서도 마땅한 민원 제기 수단이 없었다. 재판장이 재판 시작부터 불친절하게 하거나 선입견을 내비쳐도 마땅한 방법이 없었다. 기피 제도가 있긴 하나 잘 받아들여지지 않았다. 그러나 국민참여재판이 도입되면서 나름의 선택권이 생겼다. 내 경우는 이 선택권을, 법원이 판례에 매여 기존 입장을 고수하던 사안에서 다른 판결을 받기 위해 주로 사용하고 있다. 다른 시각을 가진 배심원에게 판단할 권한이 생겼다는 것은 무척 고무적인 일이다. 물론 국민참여재판에 적합한 사건일 경우의 이야기지만 말이다.

나는
어떤 뉴스에도
댓글을 달지 않는다

——— 공직선거법이라는 악법

우리나라 법 중 가장 악법은 무엇일까. 국선전담변호
사 생활을 하면서 접한 법 중 가장 악법에 가까운 법
은 공직선거법이다.

공직선거법에 관해서는 해묵은 논란이 있는데, 바
로 선거의 자유와 공정 중 어느 쪽에 중점을 둬야 하
는가이다. 선거는 민주주의의 꽃 아닌가? 누구나 자유

롭게 자신의 의사를 피력할 수 있어야 그 본질에 부합할 것이다. 입 닫고 있다가 정부가 정해주는 투표날에 가서 투표나 하고 와야 한다니, 독재국가에나 어울리는 사고방식이다. 문제는 선거의 자유가 중요하다는 이유로 별다른 제재를 하지 않으면 오히려 민주주의에 반하는 사태가 벌어질 수 있다는 것이다. 멀리 갈 것도 없이 유권자 매수와 세몰이를 위한 조직 동원이 횡행하던 지난날의 선거를 떠올려보면 그 위험성을 잘 알 수 있다.

우리 공직선거법은 자유와 공정 중 어느 쪽의 손을 들어주고 있을까? 우리나라 공직선거법의 근본적인 설계 방식은 '원칙적 금지 예외적 허용'이다. 공직선거법 조항에 대한 몇 차례 위헌 결정에서 헌법재판소가 '자유를 원칙으로 금지를 예외로' 해야 한다는 원칙을 천명했지만 여전히 금지되는 행위는 광범위하기만 하다.

평소 친분이 있던 이웃이 구의원 선거에 출마하자 지지를 부탁하며 지인들에게 그의 명함을 나눠주는 건 어떨까? 현행 공직선거법상 명함을 돌릴 수 있는 사람은 후보자 본인과 그 직계가족, 등록한 선거운동원이 전부다. 그 외에는 공직선거법 제93조에 의거해 처벌 대상이 된다. 차량에 국회의원을 비방하는 조명판을 붙이고 다녔다면 이 역시 선거 기간에는 철거를 해야 한다. 선거일 180일 전부터는 선거에 영향을 미치기

위해 광고 시설을 설치하는 것이 금지되어 있기 때문이다. 선거
운동의 목적이 아니라 단순히 시책에 대한 항의를 하려고 했더
라도 법은 후보자의 명칭을 거론하면 그 내용이 무엇이든 선거
에 영향을 미칠 목적이 있는 것으로 간주하도록 하고 있다.

　공직선거법을 악법이라 칭한 이유는 선거의 자유, 공정 문
제 때문만이 아니다. 문제는 공직선거법에는 평범한 시민의 직
관에 반하는 내용이 많지만 너무 자주 바뀌고, 그 내용도 제
대로 홍보되지 않고 있다는 점이다. 술김에 선거 벽보에 불을
지른다든지, 선거 여론조사를 조작한다든지, 공천 대가로 돈
을 받는다면, 그건 누가 봐도 법에 위반되는 일이다. 하지만 과
연 그 누가 선거에 대해 조금만 입을 잘못 놀려도 전과자가 될
수 있다고 생각하겠는가. 앞서 언급한 명함 돌리기, 조명판 설
치는 보통 사람과는 그닥 인연이 없을 수도 있다. 하지만 공직
선거법의 처벌 범위는 이것보다 훨씬 넓다. 선거운동과 거리를
두고 살아가는 사람도 공직선거법 위반 혐의를 받을 수 있다.
그리고 이런 넓은 처벌 범위 때문에 악용 가능성 역시 높다.

───── **댓글을 달았다는 이유로 기소된 피고인**

박근혜 후보가 당선된 2012년 대통령 선거 이후 3명의 피고인
을 연달아 맡게 되었다. 피고인들은 하나같이 일용직에 종사하

는 4, 50대 중년 남성이었고 모두 인터넷 포털, 트위터 등에 후보를 비방한 댓글이나 글을 썼다는 혐의를 받고 있었다. "지아비 정일이가 살아 있었으면 북풍을 불어줬을 텐뎅"(박근혜 후보와 김정일이 같이 찍은 사진 밑에 단 댓글), "여보야를 여보야라고 부르지 못하고"(박근혜 후보와 허경영이 같이 찍은 사진 밑에 단 댓글). 이 두 댓글은 박근혜 후보가 김정일, 허경영과 내연 관계라는 허위 사실 유포에 해당한다는 이유로 기소되었다. "결혼도 못한 X이"라는 댓글과 박근혜 후보의 가족 문제를 거론한 댓글은 사실을 적시하여 후보자를 비방했다는 이유로 기소되었다.

사실 공직선거법 중에 가장 일반인의 직관과 거리가 먼 조항이 바로 위 피고인들에게 적용된 법 조항이다. 후보자에 관한 허위 사실을 유포하면 처벌을 받는다. 그게 인터넷 기사에 단 댓글이라도 피할 수가 없다. 심지어 악플이 아니라 피고인을 칭찬하는 내용이라도 그 내용에 허위 사실이 포함되어 있으면 처벌대상이 된다(공직선거법 제250조 허위사실공표죄). 댓글을 하나 쓸 때마다 허위 사실이 포함되어 있는지 명확히 따져보고 써야 하는 것이다. 심지어는 댓글로 적은 내용이 사실이라 하더라도 후보자를 비방하는 내용이면 처벌이 된다(공직선거법 제251조 후보자 비방죄). 놀랍게도 이런저런 사실관계 언급없이 순수하게 욕설만 퍼붓는 것은 공직선거법 위반이 아니다(물론 형법상 모욕죄가 성립할 수는 있다). 결국 선택지는 두 가지가 남는다. 사실관계에 관한 언급은 전혀 없이 교장 선생님 훈화 말씀처럼 물에 물 탄 듯한 미사여구만 동원해서 댓글을 달거나 아니면 그냥 조용히 기사만 읽고 지나가거나. 해당 조항은 '전 국민 전과자 만들기 프로젝트'라 불러도 손색이 없다. 정치 관련 기사에 한 번이라도 댓글을 단 기억이 있다면 해당 조항 위반 여부를 걱정해야 한다.

이 조항의 악용 가능성을 의심할 수밖에 없었던 근거는, 3명의 피고인들이 하나같이 여당 후보이자 당선자인 박근혜 후보를 비방했기 때문이었다. 달랑 세 명을 맡으면서 이런 의심을 하게 된 까닭은, 그 수사 과정이 무척 기묘했기 때문이다. 법적으로 범죄에 대해 수사를 개시할 수 있는 방법은 피해자나 목격자가 고소나 고발을 하거나 아니면 수사관이 범죄 사실을 알게 되서 자체적으로 수사를 개시하는 것, 단 두 경우뿐이다. 이 피고인들의 경우는 수사관이 범죄를 인지하면서 수사가 개시됐다. 수사관이 인터넷 포털 등에 올라온 게시글을 읽어보다 피고인들의 글과 댓글에 선거법 위반 소지가 있다고 보아 수사를 개시한 것이다. 그리고 3개월 정도 지나 피고인들이 그동안 작성한 게시글과 댓글 중 공직선거법에 위반된 것을 골라 기소했다. 비유를 하자면 도둑을 발견하고도 가만히 지켜본 셈이었다. 범죄의 현장을 발견했다면 한시라도 빨리 범죄자를 체포해서 범죄가 계속되는 것을 막아야 하는 것 아닌가?

피고인들을 만나보니 모두 의기소침해 있었다. 수사를 받은 이후로는 좋아하던 인터넷 정치 기사에 댓글 쓰기도 모두 그만둔 상태였고, 그동안 써왔던 글도 모두 삭제한 상태였다. 그중 한 피고인은 각종 인터넷 사이트에서도 모두 탈퇴한 상태였다. 선거도 끝났으니 더 이상 처벌받을 일도 없는데 피고인들은 인터넷을 외면하고 있었다.

증거로 제출된 피고인들의 댓글을 읽어보니 친한 친구끼리 막걸리 마시면서 하기에도 뭔가 민망한 내용이긴 했다. 국회의원과 대선 주자에 대한 원색적인 욕설이 대부분이었다. 별 영양가 없는 악플이나 양산하는 사람들이 인터넷 세계에서 추방됐으니 기뻐해야 하는 걸까.

──── 적법한 수사인가 사이버 미행인가

어찌 됐든 피고인들에 대한 방어를 해야만 했다. 처음 문제 삼아보려 한 것은 독수독과이론이었다. 독나무에서 열린 열매에는 독이 들어 있다는 뜻으로 위법한 절차를 통해 수집된 증거는 그 내용의 진위를 불문하고 증거능력을 부인해야 한다는 이론이다. 교통사고를 내고 정신을 잃은 사람에게서 음주 측정을 위해 영장 없이 한 채혈이나 대기업 총수가 검사들에게 이른바 떡값을 나눠주는 걸 의논하는 내용이 담긴 도청 파일의 증거능력이 부정된 이유도 모두 독수독과이론 때문이었다. 이 이론의 목적은 수사기관이 형사 절차를 지키도록 하는 것이다. 위법한 절차를 통해 수집한 증거의 증거능력을 인정한다면 그 누가 절차를 지키겠는가.

수사관들은 3개월 동안 피고인들을 사이버 미행한 것과 마찬가지였다. 처음엔 그냥 개인적으로 지켜보다 어느 정도 댓글이 쌓인 뒤 정식으로 인지 절차를 거쳐도 되는 게 아닌가 하는 의문이 들었다. 곰곰 생각해보니 수사관은 피고인들이 어느 시점에서 댓글이나 게시글을 전부 지울까봐 걱정한 것 같다. 그러면 그 간 지켜본 것도 모두 허사가 되는 것 아니겠는가. 수사관은 일단 인지를 해두고 3개월 간 차근차근 피고인의 댓글을 수집했다. 만약 어느 시점에 피고인이 댓글을 전부 지운다 하더라도 이미 수집된 증거가 있는 이상 범죄 입증에는 걱정이 없을 터였다.

문제는 수사기관의 이런 증거 수집 행태가 부당한 정도를 넘어 현행법상 규정을 명백히 위반한 것이어야 독수독과이론을 적용받을 수 있다는 것이다. 범죄를 인지하고도 3개월 간 지켜만 본 행위가 현행법의 어떤 규정을 위반했는지 입증해야 했다. 하지만 방법이 없었다. 일단 인지를 하고 수사를 개시한 이상 그 기간에 대해 특별히 제한을 둔 규정은 없었다. 어차피 수사라는 게 범죄를 확신했을 때 개시하는 것이 아니라, 가능성만 있는 상태에서 개시해 차근차근 증거를 모아가는 것 아닌가.

문제가 있다면 공직선거법 자체가 문제였다. 현행법상 사실을 댓글로 달아도 범죄가 성립하니, 수사기관으로선 누구든 범죄 혐의자로 지목해놓고 느긋이 지켜볼 수 있는 길이 열려 있는 셈이다.

나는 현행법을 떠나 헌법 정신에 위반된 수사라고 주장했다. 선거를 앞두고 시민이 뭔 댓글을 다는지 면밀히 관찰한 것은 정치사찰 아닌가. 하지만 이 정도로는 부족해 보였다. 헌법 정신이라는 추상적인 이유로 법원이 쉽사리 수사기관의 수사를 무효화할 수 있을지 확신이 없었다.

결국 피고인들은 모두 무죄를 받아냈다. 인정받은 무죄 이유는 제각각이었다. 피고인 1의 경우에는 어느 특정 후보를 당선시키거나 당선되지 않게 할 고의가 없었다는 주장을 했다. 경찰이 증거로 제출한 3개월 간의 댓글 기록을 보니 피고인 1은 '모두 까기'를 하던 양반이었다. 피고인 1에게는 박근혜 후보뿐만 아니라 모든 정치인이 눈에 거슬렸던 것 같다. 그는 정치인 기사마다 해당 정치인을 비난하는 댓글을 달았다. 피고인 2의 경우는 그가 블로그에 게재한 글이 문제가 됐다. 글을 자세히 살펴보니 그가 트위터에 쓴 내용이 자동 백업이 된 것이었다. 트위터는 대화 형태로 이루어지니 대화 중에 나온 내용은 상대방이 무슨 말을 했는지 정확히 알아야 그 의미를 알수 있다. 상대방의 멘트 없이 한쪽이 한 말만 모아둔 것을 두고는 그 의도, 목적을 정확히 파악할 수 없지 않겠는가. 피고인 3의 경우에는 허위 사실을 유포한 것이 아니라 일종의 풍자에 불과하다는 주장을 했었다. 김정일, 허경영이 박근혜의 지아비가 아니라는 것은 온 국민이 다 아는 사실 아닌가.

이 사건은 내 인생에 큰 전기가 되었다. 이 사건을 맡은 이후로 나는 그 어떤 뉴스에도 댓글을 달지 않는다. 한참을 고민하고 달았던 댓글도 이내 삭제해버리곤 한다. 명색이 변호사인데 유죄를 받을 만한 댓글을 쓰겠는가. 하지만 문제는 유무죄가 아니다. 무죄 받기까지 받아야만 하는 스트레스가 두렵다. 특히나 사실을 적시해도 이를 문제 삼아 공권력이 내 댓글을 감시할 수 있다 생각하니 기분이 썩 좋지 않다.

이 사건 이후로 좋아하던 인터넷 정치 댓글을 끊어버린 피고인들 그리고 나에게 일어난 결과가 바로 위축 효과다. 표현의 자유를 규제하는 법안이 무서운 것은 해당 법이 금지하는 행위뿐만 아니라 그와 유사한 행위까지도 위축시키기 때문이다. 인터넷에 떠도는 수많은 표현물 중에는 저열한 것들이 꽤 섞여 있지만 무턱대고 이를 규제하는 것이 위험한 이유다.

나이를 먹고 나니 어떤 주장이 나오면 그 주장 자체보다 그 주장으로 인해 가장 이익을 볼 사람이 누군지를 생각해보는 버릇이 생겼다. 어린 시절 주구장창 들었던 '악법도 법이다'는 아마도 사람들이 악법에 저항하는 것을 두려워했던 당시 군사정권이 가장 좋아할 만한 말이 아니었을까 싶다. 요즘은 '악플로 사람 죽인다'는 주장이 무척 수상하다. 언제부터 그렇게 연예인들의 정신 건강을 걱정했단 말인가. 이 주장으로 가장 이익을 보는 사람은 연예인이 아니라 정치인들 아닐까.

범죄자 처벌은 국가가 대신하는 복수일까

──────── 피해자는 사건의 주인공이 아니다

누구든 예고 없이 범죄의 희생양이 될 수 있다. 안전운전을 하다가 뺑소니를 당할 수도, 대로변을 걷다가 성추행을 당할 수도, 난데없이 휘두르는 칼에 찔릴 수도 있다. 평소 아무리 바른 삶을 살아도 이런 일은 피할 수 없다. 형사 변호를 하다 보면 뜻밖의 범죄를 당한 피해자를 많이 만나곤 한다.

억울한 마음에 가해자를 고소하면 어떤 일이 벌어질까. 여기에 형사소송의 아이러니가 있다. 피해자는 형사소송의 주인공도 조연도 아니다. 굳이 따지자면 단역 '이하'라 할 수 있다. '이하'라고 한 것은 아예 등장조차 하지 않는 경우도 많기 때문이다. 형사소송에서 피해자가 가장 적극적으로 개입하는 경우는 증인으로 나설 때뿐이다. 검사나 변호사가 필요하다고 판단할 때 불려 가서 묻는 말에만 대답하는 정도가 전부다. 정확한 통계는 없지만, 피해자가 법정에 나오지 않은 채 끝나는 사건이 그렇지 않은 경우보다 훨씬 많을 것이다. 피해자는 보통 수사기관에서 진술을 마치는 데다, 재판에 여러 번 불려 나오는 것이 또 다른 고통이라 여겨지는 터라 이런 식의 소송 진행을 이해 못 할 것도 없다. 하지만 한편으로는 이렇게 피해자 없이 재판을 해도 되는 건지 걱정스러울 때가 많다.

개인 간의 문제를 처리하는 민사재판과 달리 형사재판은 국가가 피고인의 죄를 묻는 구조이다. 형사소송의 일방 당사자는 검사고 그가 상대 당사자인 피고인에 대한 처벌을 법원에 요청하는 구조다. 이런 구조가 만들어진 근원에는 형벌을 범죄자에 대한 복수로 보지 않는 합목적적 철학이 깔려 있다. 사형 폐지론의 주된 근거 중 하나가 바로 사형이 무기징역보다 강력 범죄 억제력이 높지 않다는 점 아닌가. 그 기저에는 형벌을 범죄 억제 수단으로 한정하는 사고방식이 있다.

현행법에는 피해자 보호를 위한 여러 제도가 있다. 가해자로부터 배상을 받지 못할 경우 국가가 이를 대신하는 제도, 형사소송에서 피해자가 배상 신청을 할 수 있게 하여 별도의 민사소송을 거치지 않도록 하는 제도, 피해자가 묻는 말에나 답변할 수 있는 지위에 그치지 않고 자신의 의견을 적극적으로 재판에 개진할 수 있게 하는 제도, 피해자에 대한 보복을 방지하는 제도 등이 마련되어 있다. 하지만 모두 근래에 생긴 터라 잘 알려지지 않았다. 수사 과정에서 이런 절차에 대한 안내가 있긴 하지만 권리를 행사하는 피해자는 드물다.

변호인은 범행 현장에 있었던 사람이 아니다. 피고인의 주장을 그대로 믿고 재판을 할 수밖에 없다. 이 과정에서 피해자가 마음의 상처를 입을까봐 늘 걱정스럽고 미안하다.

──── 대포차 뺑소니 사건의 경우

피고인은 운전 중 옆 차선으로 급하게 끼어들어 사고를 내고 그대로 도주한 혐의를 받고 있었다. 피고인이 운전하던 차는 심지어 대포차였다. 피해자가 차를 몰고 쫓아가 피고인을 제지한 뒤 배상을 요구했지만 피고인은 발뺌하다 다시 차를 몰고 도망쳤다. 이 과정에서 차 앞에 있던 피해자의 무릎을 차로 친 혐의가 추가되었다. 피고인은 자신이 대포차를 운행한 것은 인정하지만 사고를 낸 적도, 피해자를 차로 친 적도 없다며 억울해했다.

마침 피해자 차량 블랙박스 화면이 증거로 제출되어 있었다. 피해 차량이 1차선을 달리고 있는데 갑자기 옆 2차선에서 피고인의 차량이 나타났다. 피고인의 차량이 갑자기 방향을 틀어 피해 차량으로 다가왔고 그 후 두 차량은 각자의 방향으로 1미터 정도 밀려 나갔다. 피고인의 유죄를 입증하는 유력한 증거가 아닐까 싶지만 피고인의 주장에도 나름 일리가 있었다. 피고인은 당시 계속된 야근으로 인해 잠시 졸음운전을 하고 있었다고 한다. 그런데 퍼뜩 정신을 차려보니 옆에 피해 차량이 바짝 붙어 있었고 이에 놀라 급히 핸들을 틀었을 뿐 결코 접촉한 사실은 없다는 것이다. 사건 이후 촬영된 피해 차량 사진에도 찌그러진 곳은 전혀 없었고 페인트만 약간 묻어 있을 뿐이었다.

진실은 무엇일까. 블랙박스 동영상을 여러 번 돌려본 끝에야 가닥을 잡을 수 있었다. 피해자는 당시 음악을 크게 틀어놓고 운전하던 중이라 블랙박스에는 충돌음이 제대로 녹음되어 있지 않았다. 하지만 블랙박스의 음량을 최대로 해서 여러 번 들어보니 음악 사이로 분명한 충격음을 들을 수 있었다. 무엇보다 차가 반 차선 정도 튕겨 나갈 정도라면 피해자 본인만큼은 사고 사실을 몸으로 느꼈을 것이다. 그리고 같은 힘을 받아

같은 정도로 튕겨 나간 피고인 역시도 이를 알 수밖에 없었을 것이다.

대포차로 사고를 내고 사라져버린 피고인의 말을 누가 믿어주겠는가. 블랙박스에는 피고인이 차로 피해자의 무릎을 친 부분은 녹화되어 있지 않았지만, 내가 봐도 피해자의 말에 더 신뢰가 갔다. 피해자는 사고를 당한 뒤 자기 돈을 내고 한동안 치료를 받기도 했다. 피고인의 차량은 대포차였고 당시만 해도 피해자는 피고인을 찾아낼 수 있을지도 알 수 없는 상태였다. 보험금을 노리고 꾀병을 부린 거라 볼 수가 없었다.

피고인의 강력한 요청으로 재판을 국민참여재판으로 진행하게 되었지만 무척이나 걱정스러웠다. 이대로 간다면 피고인은 실형을 받을 가능성이 높았다. 피고인에게 일단 교통사고 사실이라도 인정하고 피해자와 합의하자고 권했다. 배심원들에게 뻔뻔하게 거짓말을 한다는 인상을 주면 안 된다. 사실관계가 명백한 부분은 인정하고 이 부분이라도 합의할 것을 권했다. 피고인도 피고인이지만 피고인이 홀로 모시고 사는 노모가 걱정됐기 때문이다.

피해자는 재판 당일에야 만날 수 있었다. 오전에 증인으로 나와 증언을 마친 피해자를 붙들고 합의에 관하여 얘기를 해보자 했다. 피고인 본인이 피해자에게 용서를 구하고 합의를 보는 게 원칙이겠지만 특별히 이 사건에서는 내가 피해자와 이야기를 해야 했다. 일단 시간이 없었다. 국민참여재판은 당일 선고가 내려지니 시간이 반나절 밖에 없었다. 게다가 피고인은 피해자가 거짓말을 한다 주장하고 있는 상황이었다. 피고인에게 합의를 맡겨두었다가는 싸움이 날 것 같았다.

피해자는 20대 후반의 청년이었다. 오전 재판에서 증언을 마치고 화가 많이 난 듯 했다. 피고인이 자신을 거짓말쟁이로 몰며 발뺌하는 장면을 보았으니 그럴 법도 했다.

그 화나고 억울한 마음을 알기에 먼저 피해자에게 다가가 "미안하다"고 말했다. 혹시라도 마음이 누그러지는데 도움이 될까 싶어 내가 국선변호사라고 했지만 소용이 없는 듯 했다. 피해자는 혹시 녹음기를 갖고 있는 것 아닌지 의심했다. 내가 사실은 그때 안 부딪혔다는 말을 유도할 속셈이라고 생각했던 걸까. 경계하며 씩씩거리는 피해자에게 진심을 보이고 싶었다. 그에게 점심을 사겠다 말했다. 조금이라도 마음의 위로가 되기를 바라는 마음도 있었다.

나보다도 열 살 어린 피해자는 혈기 왕성하고 강직해 보이는 젊은이였다. 밥을 먹으며 피고인의 노모 얘기를 했지만 그는 "이미 때가 늦었다"고 잘라 말했다. 할 말이 없었다. 애초 사고가 났을 때 인정하고 용서를 구했다면 아무런 문제가 없었을 것이다. 그 와중에 피해자는 다쳤고 범인이 누군지도 모르는 상황에서 자비를 들여 치료를 해야만 했다. 한참 후에 피고인이 수사기관에서 잡혔을 때라도 용서를 구했다면 피해자는 합의를 할 생각이었다. 하지만 피고인은 피해자를 거짓말쟁이로 몰았고 그 태도는 법정에서도 변함이 없었다. 피해에 대한 금전배상을 거부하고 대신 피고인의 강력 처벌을 요구하겠다는 것이 피해자의 확고한 뜻이었다. 합의는 결렬됐다.

점심시간이 끝나 재판정으로 돌아가려 하는데 피해자가 재판을 방청할 수 있는지 물었다. 재판은 누구에게나 공개된다. 성폭력 사건의 피해자가 증인으로 나오는 경우를 제외하고는 어떤 재판이든 방청할 수 있다. 하지만 피해자를 말리고 싶었다. 오후에 나는 그를 거짓말쟁이로 몰 계획이었다. 요약하자면 '멀쩡히 서 있으면 사고가 안 났을 텐데 피고인 차량의 진행 방향으로 일부러 몸을 밀어 넣어 사고가 난 것 아니냐', '왜 사고 이후에 일반 병원이 아닌 한의원으로 갔냐. 뼈가 이상이 없어서라고 하는데 그걸 어떻게 확신하는가'는 내용이었다. 피해자가 실제로 다친 것이 맞다 확신하고 있었지만 일을 위해서는 어쩔 수 없었다. 피고인의 편에서 피고인을 믿고 실낱같은 가능성을 향해 가는 것이 변호사의 역할이기 때문이다.

피해자에게 사정 설명을 하고 방청하지 말 것을 간곡히 권했다. 내가 국선변호사임을 밝힌 것이 특히 마음에 걸렸다. 인간에 대한 배신감을 넘어 공권력과 법질서에 대한 환멸을 느끼게 될까 두려웠다. 하지만 피해자는 내가 법정에서 무슨 말을 한다 하더라도 원망하지 않을 테니 법정에 남아 이 모든 사태의 끝을 지켜보고 싶다고 말했다.

오후 재판이 계속되는 동안 차마 방청석 쪽을 바라볼 수 없었다. 시야 끝에 어쩔 수 없이 걸리는 피해자의 얼굴은 재판 내내 시뻘겋게 상기되어 있었다. 자신을 거짓말쟁이로 모는 상황에서 피해자는 그저 지켜볼 수밖에 없었다. 아무리 피해자라 해도 방청석에서 소란을 피우면 퇴정 명령을 받거나 감치될 수 있다. 재판장의 허가를 받으면 자신의 의견을 진술할 수 있지만 그 누구도 피해자에게 이런 권리가 있음을 알려주지 않은 듯 했다.

재판이 끝나고 3시간 넘는 배심원의 토의 끝에 판결이 선고되었다. 피해자는 그때까지 자리를 지키며 결과를 기다리고 있었다. 피고인에 대해서는 전부 유죄가 선고되었다. 하지만 법정을 끝까지 지킨 피해자의 얼굴에는 노기가 가득했다. 피고인에게 집행유예형이 선고되었기 때문이다. 결국 피해자는 자신의 피해에 대한 배상을 받지도, 피고인이 강한 처벌을 받는 것을 지켜보지도 못했다. 재판이 끝난 후 피고인을 신속하게 귀가시켰다. 혈기왕성한 피해자가 혹시라도 주먹다짐을 할까 걱정스러웠기 때문이다. 피해자를 다독이는 건 결국 나의 몫이었다. 하지만 나를 붙들고 억울함을 호소하는 그에게 해줄 말이 없었다.

피해자가 진정으로 원했던 것은 피고인에 대한 복수였을 것이다. 배상을 거부하고 스스로 손해 입는 것을 감수하면서까지 피고인이 실형을 받기를 원한 그의 태도를 이보다 간명하게 설명할 말은 없다.

하지만 현대 형법은 기본적으로 이에 무심하다. 사적 복수를 허용하지 않고 국가가 대신하여 형벌권을 행사하는 이유는 복수의 악순환을 끊기 위해서다. 복수가 복수를 낳아 사회적 폭력의 총량이 느는 것을 막는 것이다. 집행유예 역시 이런 고려 하에 마련된 제도다. 실형을 통해 직장과 같은 사회적 기반을 잃은 사람은 다시 한 번 범죄에 빠지기 쉽다. 재범의 위험성이 그리 높지 않다면 실형보다는 집행유예를 선고하는 편이 범죄의 총량을 줄이는 데 더 낫다. 하지만 이 모든 게 피해자에게는 아무런 의미가 없는 말일 것이다.

얀 필립 림츠마Jan Philipp Reemtsma는 독일의 문학 연구가이자 철학자이다. 그는 1990년대 후반 독일 전역을 떠들썩하게 만든 납치 사건의 주인공이기도 하다. 유명 담배 회사의 설립자인 조부로부터 막대한 유산을 상속받은 그를 두고 납치범들은 오랫동안 범행을 계획했다. 림츠마는 32일 동안 지하실에 감금되어 있었다. 그의 발에는 족쇄가 채워져 있었고 간이 변기에서 용변을 해결해야만 했다. 살해 위협을 받던 그는 결국 3억

마르크라는 거액의 석방금을 지불한 뒤에야 풀려날 수 있었다. 그는 이후 당시의 경험을 기록한 〈지하실에서^{Im keller}〉라는 수기를 집필했는데 그중 인상적인 대목이 있다.

내일 내게 그자의 목을 가져다준다 해도 거기서 내가 얻는 것은 아무것도 없다. 내가 원하는 것은 그가 재판정에 서는 것이다. 나에게 위안이 되는 응보는 증오에 있지 않다. (중략) 피해자에게 처벌은 매우 중요한 것이다. 처벌이 그의 복수욕을 충족시켜주어서가 아니다. 처벌이 의미가 있는 것은 이를 통해 사회가 피해자와 연대하고 있다는 것을 보여주기 때문이다. 형벌은 범죄자를 밀쳐내는 것임과 동시에 피해자를 받아들이는 것이다. 범죄자에 대한 처벌은 피해자에게 '귀환을 환영한다'는 편지와 다를 것이 없다.

우 리 사 회 가
배 제 하 는 대 상

———— 보수 정권의 대범죄 정책

국토건설단, 삼청교육대, 범죄와의 전쟁, 떼법 청산, 경
범죄 처벌 강화. 그동안 보수 정권들이 내걸었던 정책
이다. 박정희, 전두환, 노태우, 이명박, 박근혜로 수장의
이름은 바뀌었지만 그 내용은 하나같이 살기 좋은 사
회를 만들기 위해 범죄를 근절하자는 것이었다. 50년
이 넘는 세월 동안 정권의 주요 과제 중 하나가 범죄

척결일 정도로 우리나라의 치안 상황이 심각한 걸까? 그러나 우리나라의 치안은 세계적으로 좋기로 유명하다. 한국 프로팀에서 뛰게 된 브라질 선수가 한국에 살면서 가장 좋은 점으로 '밤에도 금 목걸이를 하고 돌아다닐 수 있는 점'을 꼽은 것은 그저 우스갯소리가 아니다. 그런데 왜 많은 정권들이 범죄와의 한판승부를 시도하는 걸까.

사실 형벌은 범죄에 대한 기술적 대응이 아니다. 교도소 수감자 수가 범죄 발생 빈도와 무관하다는 것을 보여주는 연구도 이루어진 바 있다. 형벌에 대한 가장 설득력 있는 학설인 갈등주의적 관점conflict perspective은 형벌 제도를 '기득권 집단이 자신의 이해를 관철하는 수단'이라고 규정한다. 형벌이 피지배 계급의 불만을 억누르기 위한 도구라고 설명하는 학자도 있다. 민주국가라고 해서 이 같은 본질이 달라지지는 않는다. 지배 계층은 미디어를 통해 범죄의 위험을 환기시키고 대중들이 강력한 공권력의 개입을 원하게 만든다는 것이다. 박노자 씨의 글에는 이런 시각이 잘 드러나 있다.

……빼앗는 자와 빼앗기는 자의 구분이 명확하고 피착취자가 주린 배조차 메우지 못하는 전근대 사회에서 피착취자의 저항은 당연히 예상되는 일이고, 그 저항을 미리부터 방지

하는 것이야말로 착취자들의 급선무였다. 저항에 대한 최적의 '예방주사'란 바로 고문과 참혹한 처형을 최대한 가시화함으로써 잠재적 반란자들에게 극심한 신체적 '아픔'에 대한 생물적 공포를 자극해 그들의 저항 의지를 미리부터 겪는 것이었다. 생물체라면 불에 달군 대꼬치에 대해 느끼지 않을 수 없는 '동물적 겁'이야말로 '동방예의지국'이 유지될 수 있는 하나의 비결이었다. (중략)

1808년 이전의 '자본화의 선진국' 영국에는 죽임을 당해야 할 사죄死罪만 해도 약 220종에 달했다. "일정한 직업 없이 집시의 무리와 한 달 이상 같이 어울려 노는 죄"부터 "5실링 이상의 가치에 해당하는 물건을 훔친 죄"까지다. 값이 좀 나가는 손수건 하나를 훔쳤다가 죽어야 하는 세상이다 보니 한 해에 2~3천 명이 형장의 이슬로 사라지는 것도 다반사였다. 예컨대 영국 자본주의의 맹아기라고 할 엘리자베스 1세 치세(1558~1603)에 약 8만9천 명의 수형자가 처형됐다. 그때보다 약간 '문명화'됐다는 1770~1830년만 해도 좀도둑과 부랑자 등을 포함한 7천 명이 죽어야 했다. '신사의 나라' 영국이었지만 19세기 중반까지 공개 처형은 보통 일이었다. 이렇게 주검 더미를 쌓아가면서 신생의 자본계급은 무산자들을 순치시켰던 것이다.

○ 박노자, 《당신을 위한 국가는 없다》, 한겨레출판

갈등주의 관점을 따르자면 피고인들은 정치적 희생양으로, 정권 차원의 대^對범죄 정책은 국민들의 시각을 다른 곳으로 돌리기 위한 정치쇼로 해석할 수 있다. 역대 정권이 벌인 대범죄 정책 이후 범죄 수가 별로 감소하지 않았다는 통계는 이런 해석에 힘을 싣는다. 하지만 과연 이 문제에 숫자와 통계로만 접근할 수 있을까?

────── 주폭과 성과제

3년 전 통닭 두 마리를 공짜로 먹은 죄.

2년 전 과일 노점상 앞을 지나다 "내가 구청에 신고를 해서 다시는 장사 못 하게 만들겠다"라고 으름장을 놓은 죄.

며칠 전 술 먹고 행패를 부리다 출동한 경찰을 밀친 죄.

공소장에 적힌 70대 피고인의 죄명은 사기죄, 협박죄, 공무집행방해죄였다. 값을 치를 것처럼 통닭을 주문해놓고 그냥 가져갔으니 사기죄, 노점상에게 구청에 신고한다고 겁을 줬으니 협박죄, 출동한 경찰을 밀쳤으니 공무집행방해죄다. 영 말이 안 되는 소리는 아니었다. 하지만 이 공소장은 어디에선가 오려다 붙인 느낌이 강했다.

통닭집 주인과 과일 노점상은 피고인이 경찰을 밀친 다음 날 고소장을 제출했다. 통닭 두 마리와 말 한 마디를 몇 년씩 마음에 담아둘 정도로 남다른 뒤끝을 가진 사람이 한 동네에 둘씩이나 존재하고, 몇 년이 지나 동시에 한 사람을 고소할 확률은 도대체 얼마나 되는 걸까? 아무리 봐도 세 가지 죄가 한데 엮이게 된 데에는 뭔가 자연스럽지 않은 구석이 있었다.

처음 피고인의 얼굴을 봤을 때 그 실마리를 찾을 수 있었다. 구치소에 접견을 가서 울긋불긋 부풀어 오른 코에 있는 붉은 실핏줄을 본 순간, 피고인의 진짜 죄명을 짐작할 수 있었다.

주폭. 김용판 서울지방경찰청장이 2012년 취임하며 갑작스레 세상에 등장한 이 단어는 공식 용어가 아니라 김 청장 본인이 창조해낸 단어였다. 그는 '술을 마시고 상습적으로 지역 주민들을 폭행하거나 관공서·상점에서 소란을 피우는 행위'를 주폭으로 규정하고 조폭과 더불어 중점적으로 척결할 것을 공언했다. 성과제와 더불어 이명박 정권에서 시도되었던 대표적인 대범죄 정책이었다.

수사기록에는 김 청장이 밝힌 비전이 어떤 경로를 통해 실천되었는지 자세히 적혀 있었다. 술을 마시고 경찰에게 행패를 부리던 피고인이 공무집행방해죄로 체포되자 경찰은 그의 사진을 찍어 동네를 돌아다니며 그동안 이 사람에게 피해 본 것이 없는지 묻기 시작했고, 여러 곳을 돌아다닌 끝에 3년 전 통닭집 주인이 당한 일, 2년 전 과일 노점상 주인이 당한 일을 찾아냈다. 결국 피고인은 구속이 되었다. 실형 가능성이 없는 이상 함부로 사람을 구속하지 않으니, 피고인에게는 실형이 나올 가능성이 농후했다. 벌금 100~200만 원에서 끝날 사안에 실형이라니 과도한 처사였다. 게다가 그 절차 역시 인민재판과 다를 게 무엇이란 말인가. 사람을 저잣거리에 세워놓고 '이 사람에게 유감 있는 사람 모두 모이시오'라고 했을 때, 아무도 손을 들고 나오지 않는다면 그것이 더 희귀한 일 아닐까?

사실 피고인은 죄가 있었다. 변호사 앞에서 말도 잇지 못하는 수줍은 노인이 무슨 계기 때문이었는지는 모르겠으나, 몇 년 전부터 술만 취하면 시장에 가서 물건을 강탈하고 신고를 하려는 상인들을 협박했다. 이런 사실을 아는지 모르는지, 노인의 가족들은 시장통에 가서 탄원서에 사인해주기를 요청했고 상인들은 후환이 두려워 동참하기도 했다. 내가 피고인의 결백에 대한 증거로 믿고 있던 게 바로 그 탄원서였다.

캠페인성 범죄 정책을 범죄가 줄지 않았다는 통계자료와 일부 부작용만으로 쉽게 평가절하할 수는 없다. 그 과정에서 수사기관이 외면해왔던 현실의 고통들이 발굴되는 측면이 분명 있다. 주폭 수사의 경우 상당수가 앞서 말한 인민재판식으로 수사가 이루어지긴 했지만, 수사기관이 적극적으로 수집하지 않았다면 위와 같은 사건을 찾아내는 일은 불가능했을 것이다. 가벼운 개별 사례로 흩어져, 처벌받지 않거나 미미한 처벌만 받았을 확률이 높다.

비슷한 시기 경찰이 내걸었던 성과제 역시 마찬가지였다. 성과제 시기에 변호했던 사건 중 발생한 지 시간이 지난 좀도둑 사건이 꽤 있었다. 다세대 주택의 방범창을 뜯어 가거나, 시장통 빈 가게를 털거나, 찜질방에서 핸드폰을 몰래 들고 나오는 수법이 태반이었다. 몇 년 간 오리무중이다 성과제를 도입한 뒤에야 범인이 검거된 것을 어찌 해석해야 할까.

이들 사건은 검거가 불가능했던 것이 아니라 검거를 안 했다고 보는 게 맞을 것이다. 수사기관이 볼 때는 피해 금액이 푼돈에 불과했을 테니 말이다.

그런데 아이러니하다 해야 할까 당연하다 해야 할까. 범죄 퇴치 캠페인이 주로 겨냥하는 것은 또 다른 사회적 약자이다. 범죄 퇴치 캠페인으로 인해 사회 지도층이 잡혀갔다거나, 대폭의 누진세를 부과했다거나 하는 이야기를 들어본 적이 없다. '대범죄 정책'은 '문제 저소득층' 대책의 다른 말이기도 하다.

───── 배제해야 할 적

범죄라는 것이 하늘에서 내려준 것이 아니라 사람이 만들어낸 개념이라는 것은 시대에 따라 달라지는 죄에 대한 의식을 보면 알 수 있다. 내가 어릴 때만 해도 동네 어른들이 남자 아이의 성기를 만지는 것은 애를 귀여워하는 방식의 하나일 뿐이었고,

학교 폭력은 철없는 애들이 벌이는 한때의 장난이었다. 반대로 간통죄나 혼인빙자간음죄는 이제 처벌 대상에서 제외되었다. 대한민국 형법이 생긴 지 채 100년이 지나지 않는 기간 동안 일어난 변화들이다. 살인죄, 절도죄 같이 인류가 존재하는 한 불멸일 것 같은 범죄도 있지만 그마저도 미래에 기술이나 사상이 바뀌면 어찌 될지 모른다. 사유재산이 존재하지 않는 사회에서 여전히 절도를 범죄로 규정할지 설사 그렇다 하더라도 지금과 같은 형태일지 알 수 없다.

처벌이란 무엇인가. 우리 사회에서 배제해야 할 적이 누군지 지목하고 그를 배제하는 행위 아닌가. 그렇다면 지금 우리 사회가 배제의 대상으로 지목하고 있는 사람은 과연 누구인가.

범죄자의 사회인구학적 통계를 살펴보면 전체 범죄자 1,777,390명(2015년 기준, 이하 경찰범죄통계) 중 하류층이 44.0%(779,282명)로 다수를 차지하고 있다(중류층은 24.8%, 상류층은 0.8%, 미상은 30.3%). 정확히 조사한다면 실제 하류층 비중은 더 높을 것이다. 경찰 수사 과정과 재판 과정에서 피의자의 경제 수준에 대해 꼼꼼한 조사가 이루어지지 않기 때문이다. 그저 조사 초기에 월 수입이 어느 정도 되는지 묻고 끝낼 뿐이다.

국선변호를 하며 만난 피고인들은 하나같이 소득 액수를 과장하곤 했다. 그러면 수사기관이 자신을 우습게 여기지 않으리라 기대한 걸까? 이유는 알 수 없었다. 범죄를 저지른 것이 원인이 되어 하류층이 된 것인지 아니면 하류층인 것이 원인이 되어 범죄를 저지르게 된 것인지는 불분명하지만, 확실한 것은 우리가 배제하고 있는 대상의 대부분은 경제적 약자라는 사실이다. 하지만 이것이 그들을 설명하는 전부일까?

내가 변호했던 한 피고인은 만취 상태로 길에서 싸움을 벌인 끝에 피해자의 한쪽 눈을 실명시킨 혐의를 받고 있었다. 그냥 주먹질만 했으면 좋으련만 뭐가 그리 화가 났는지 피고인은 손에 집히는 대로 물건을 집어 들어 상대를 때렸고, 이 와중에 밀대에 걸레를 고정하는 쇠 장치가 상대의 눈을 찌른 것이다. 앞서 '시장통 주폭 노인'의 경우처럼 피고인의 기록에도 과거에 저지른 비행이 공소 사실에 덧붙여져 있었다. 본인도 상대를 때린 것을 인정하고 있으니 유죄는 확정이었고 형을 줄이는 데 집중해야 할 사안이었다. 방법은 오직 피해자와 합의를 하는 것뿐이었다. 여러 차례 비슷한 말썽을 부린 터라 이런저런 변명을 늘어놓아야 구차하기만 할 터였다. 피고인은 자신의 딸에게 연락해달라 했다. 구치소에 갇혀 있는 피고인을 대신해 사무실에서 전화를 걸었지만 딸의 반응은 싸늘했다. 피고인과 연락을 끊고 지낸 지 오래고 다시는 엮이고 싶지 않다고 했다.

전과가 많은 피고인들 대부분은 사회적 유대가 완전히 끊어져 있다. 가족들과 관계를 끊고 있는 경우가 태반이었고 어찌 연락이 닿는다 해도 냉담한 반응을 보일 뿐이다. 이들은 누군가에 늘 부담이었던 사람들이다. 이들이 어떻게 된다 하더라도 특별히 안타까워하거나 아쉬워할 사람 하나 없었다. 게다가 자신의 입장을 조리 있게 표현하지도 못하고 비슷한 사람들과 조직화할 능력도 없다 보니 수사 중에 부당한 일을 당해도 제대로 항의조차 하지 못한다.

피고인이 과거 삼청교육대와 보호감호를 겪었다는 점은 그래서 의미심장했다. 삼청교육대와 보호감호를 넘어 또 다시 주폭 수사의 대상이 된 것은 평생 말썽을 부리고 산 합당한 죗값일까? 그를 배제 대상으로 지목하는 것에 정치적 사회적 부담이 없었기 때문은 아닐까?

대부분의 평범한 사람은 복잡한 일일랑 잊고 그저 사회 안전과 치안에 기대면 되는 건지도 모른다. '나쁜 일을 저지른 인간들은 어느 정도의 불편은 감수해야 한다', '가족으로부터 버림받고 사회에서 발언권을 상실한 것 역시 자업자득이다'라고 볼 수도 있다. 하지만 범죄와 형벌의 정치적 속성을 잊는 것이 항상 안전한 선택만은 아닌 듯 하다.

갈등주의적 관점은 우리에게 불길한 예언 하나를 던지고 있다. 대범죄정책은 그 대상을 확대하는 속성을 지녔다는 것이다. 초창기에는 흉악 범죄와 상습 범죄를 그 대상으로 삼지만 나중에는 사회질서 문란 행위까지 확대를 시도한다고 한다. 법질서를 세우고 처벌을 통해 사회를 안정시킨다는 발상의 논리적 귀결이기도 하다.

　박근혜 대통령이 취임 후 첫 번째 국무회의에서 경범죄에 대한 처벌 확대를 선언한 것이 그저 우연일까.

알 아 서
지 켜 야
하 는 법

___ 몰라서 지은 죄

대학에 가서 법을 공부하고 처음 든 생각은 '왜 의무
교육과정에선 법을 가르쳐주지 않았나'이다. 세상은 전
쟁터라고 하는데 총 쏘는 법도 배우지 못한 채 내몰린
셈이다. 지금 생각해보면 그 덕에 나 같은 변호사들이
먹고살지만 그렇다 해도 너무 심하다.

흔히들 쓰는 '각서'에는 법적 효력이 있을까? 20대

초반의 대학생이 몰던 무보험차에 뺑소니 사고를 당해 크게 다친 경우를 가정해보자. 이런 경우는 20대 대학생에게 수입이나 재산이 있을 리 없으니 본인으로부터 배상받기는 힘들다. 이럴 때 보통 범인의 부모에게 책임을 물을 생각을 하지만 부모는 원칙적으로 아무 책임이 없다. 성인이 달리 성인이겠는가. 성년이 된 이상 자녀 스스로가 책임을 져야 한다. 운 좋게 그 부모로부터 '피해 회복을 위해 최대한 노력하겠습니다'라는 내용의 각서를 받아냈다 치자. 막상 사고를 낸 대학생이 집행유예로 풀려나자 부모가 입을 싹 닦고 배상을 안 해주면 각서를 근거로 부모에게 책임을 물을 수 있을까. 불가능하다. 법적 책임을 묻기 위해서는 그 약속이 확정적 약속이어야 한다. '최대한 노력하겠습니다'는 확정적 약속으로 볼 수 없다는 것이 우리나라 판례의 입장이다. 문서 제목은 아무 상관이 없다. '각서'든 '젊음의 노트'든 뭐든 간에 그 내용에 확정적 약속이 있나가 관건이다.

물론 확정적 약속이라 해도 법적 효력이 인정되지 않는 경우가 있다. 부부 사이의 재산 관련한 약속은 언제든 취소할 수 있다거나, 불법적 약속은 효력이 없다거나 하는 등 예외가 꽤 많다. 이런 복잡한 건 전문가의 영역으로 남겨둔다 해도, 적어도 '확정적 약속만이 유효한 계약이다' 정도는 의무교육 단계에서 가르쳐줘야 하는 것 아닐까.

사람들의 법 지식이 얼마나 취약한지는 일을 하면서 자주 느낀다. 범죄 경험이 없는 초범과 전과가 많은 상습범 중 혐의를 순순히 인정할 확률이 높은 쪽은 누구일까? 전과자 쪽이 뺀질거리며 뻔한 변명을 늘어놓을 것 같지만 그렇지가 않다. 초범에게는 '당신의 경우는 왜 정당방위가 아닌가', '상대가 아무런 거부 의사를 표시하지 않았어도 성범죄가 성립할 수 있다' 같은 법리를 한참 설명해줘야 자신의 죄를 납득하는 경우가 많다. 반면 전과가 많은 경우는 거의 염화미소拈華微笑 수준이다. 자신의 죄가 유죄인지 무죄인지, 유죄라면 어떤 죄에 해당하는지 대체로 잘 안다. 웬만해선 무리한 주장을 하지도 않는다. 초범들의 경우, 지금 얘기해준 걸 그때 알았다면 과연 죄를 지었을까 싶어 안타까울 때가 많다.

　법을 잘 몰라 죄를 지은 경우는 좀 봐줘야 하는 것 아닐까? 그러나 우리 법은 엄격하다. "제16조(법률의 착오) 자기의 행위가 법령에 의하여 죄가 되지 아니하는 것으로 오인한 행위는 그 오인에 정당한 이유가 있는 때에 한하여 벌하지 아니한다." 법률의 착오라는 규정이 있긴 하지만 대법원은 '죄가 되는 일인 줄 알았으나 자신의 경우 예외적으로 처벌되지 않는다고 믿었고 정당한 이유가 있는 경우만 해당된다'라는 복잡한 해석을 하고 있다. 법을 모르는 것만으로는 처벌을 피할 수 없다는 얘기다. 이유는 간단하다. 법 모른다고 봐주면 법을 배울 유인이 심각하게 떨어질 것이다. 법을 알면 처벌, 모르면 봐주는데 누가 법을 알려고 하겠는가. 그리고 설사 피고인이 법을 알았어도 법정에서 몰랐다 우기면 그 진위를 따져볼 방법도 없다.

그래도 그렇지 쉽사리 납득하긴 힘들다. 형법만 해도 조문이 300개가 넘고 민법은 1000개가 넘는데도 법에 대해 가르쳐주지 않으니 사람들의 법 인식 수준은 살인하지 말라, 훔치지 말라, 간음하지 말라, 거짓말하지 말라, 딱 십계명 수준이다. 때론 법이 함정을 파놓고 사람들이 빠지기를 기다리는 게 아닌가 하는 생각까지 든다.

─── **탈북자 강도상해 사건**

문제는 법을 알래야 알 수가 없는 사람들이다. 이 사람들이 법을 제대로 몰라서 저지른 일에 대해 우리나라 법은 어떤 입장일까.

하루는 구치소에 접견을 갔더니 체구가 작고 앳되어 보이는 30대 초반의 여성이 접견실에 앉아 있었다. 굉장히 특이한 케이스였다. 피고인은 탈북자인데다, 5년 전에 일어난 사건이었다. 여성인 것도 특이했다. 당시 나는 무거운 죄를 다루는 합의부 담당이었다. 여자가 피고인으로 오는 경우는 굉장히 드물다.

피고인이 탈북자인 양어머니에게 빌려준 돈 천만 원을 돌려달라 한 것이 사건의 발단이었다. 피고인도 남한에서 만난 남편도 실직 상태여서 돈이 필요했다. 양어머니는 돈을 갚는 대신 자신이 받을 돈이 있으니 대신 받아 가라며 역시 탈북자인 피해자의 인적 사항을 알려줬다. 양어머니는 탈북 브로커였는데 피해자에게 받기로 한 탈북 수수료 600만 원 중 못 받은 300만 원을 피고인한테 넘긴 것이다. 세 살 난 아이가 당장 굶게 생긴 마당이라 피고인에게는 선택의 여지가 없었다.

피고인은 남편, 남편 후배와 함께 피해자를 찾아갔다. 피해자는 중국 인신매매 조직에 팔려가 중국 남성과 결혼했지만 남편의 학대에 못 이겨 그 사이에 낳은 아이와 단둘이 남한으로 도망친 처지였다. 피해자는 형편이 어려우니 남은 300만 원은 봐달라 간청했지만 소용이 없었다. 피고인은 "그럴 거면 북한으로 돌아가라. 내가 보내주겠다"며 남편 후배가 몰고 온 차에 피해자를 태웠다. 안 타려고 발버둥치는 피해자를 억지로 차에 밀어넣는 과정에서 피고인은 피해자의 머리채를 잡아끌었고, 남편과 남편 후배는 피해자를 몇 번 걷어찼다. 피해자를 겨우 차에 태우고 "인천공항으로 가자"며 출발하려 하는데 옆에서 피해자의 다섯 살 난 딸이 울면서 쫓아오니 피고인 일행중 누군가가 딸을 차에 태웠다.

애 보는 앞에서 엄마한테 이게 할 짓인가. 피해자도 피해자지만 죄 없는 애에게는 평생을 쫓아다닐 큰 충격이었을 것이다. 게다가 경위야 어쨌든 다섯 살 난 딸까지 납치한 셈 아닌가. 하지만 피고인은 억울해했다. 사람들이 웅성웅성 구경을 해서 정신이 없던 차에 애가 울면서 따라오니 차에 태우긴 했지만 해꼬지할 마음은 추호도 없었다, 자기도 아기 키우는 처지라며 눈물을 뚝뚝 흘렸다. 피해자가 돈이 있는데 없다고 거짓말하는 것 같아 떠보려 벌인 일이라고 했다. 난리 통에 누군가가 경찰에 신고를 했고, 경찰이 피해자에게 전화를 걸자 피고인은 순순히 돌아가 경찰 조사까지 받았다.

피고인에게 적용된 죄명은 강도상해였다. 변호사로서는 강도상해죄를 변호하기가 살인보다 힘들다. 법정형이 최소 7년이라, 한계까지 감형을 받아도 형량은 최소 3년 6개월이다. 집행유예를 받으려면 3년 이하의 형을 받아야 하니 강도상해죄에 걸리면 무조건 실형이다. 피고인은 "내 돈 받으려다 벌어진 일인데 왜 내가 강도냐"며 억울해했다. 피고인이 비록 잘못이야 했지만 그 심정이 충분히 이해가 갔다. 80년대까지만 해도 빚 다툼 때문에 머리채 잡고 싸우는 광경을 종종 볼 수 있지 않았던가. 빚 받으려다 상대를 다치게 하면 강도상해가 된다는 걸 남한 사람들도 잘 모르는데, 탈북자인 피고인이 어떻게 알았겠는가. 피해자에게 배상금도 지급해 용서까지 받은 처지인데 폭행죄는 몰라도 강도상해는 너무했다. 하지만 법원의 입장은 확고하다. 빚은 재판을 통해 받아야지, 사적 구제는 절대 허용하지 않는다는 입장이다. 돈 받으려고 상대를 때리다 다치게 하면 이유 불문 강도상해다.

5년 전 사건을 이제야 재판하게 된 이유는 피고인이 당시 잠적했기 때문이다. 그 무렵 남편과 함께 국민참여재판을 신청해놓고 막상 재판날 나타나지 않았다. 두려웠기 때문이다. 둘 다 잡혀 들어가면 세 살 난 아기를 봐줄 사람도 없었다. 그때 남편은 강도상해죄가 인정돼 4년 형을 받았고 피고인은 아기를 데리고 전국을 떠돌았다. 탈북자인데다 수배자 신세인 피고인은 국가보조금도 받을 수 없고 정상적인 취직도 할 수 없었다. 어떻게 생계를 해결했냐 물으니 피고인은 모텔 청소를 하면서 숙식을 해결했다고 답했다.

용감하다고 해야 하나 무모하다고 해야 하나. 피고인이 여느 사람들보다 법을 가볍게 생각한 것은 부정할 수 없는 사실이었다. 이러니 이민자 유입이나 통일 후 사회에 대한 우려가 튀어나오는 것 아니겠는가. 하지만 피고인의 아기 때문에라도 피고인을 내버려둘 수가 없었다. 또래들이 영어유치원이며 놀이학교에 다닐 나이에 모텔 방에서 쓸쓸히 놀고 있었다 생각하니 너무 가슴이 아팠다. 아버지 없는 떠돌이 생활 4년도 모자라 이제는 엄마하고도 떨어져 있어야 한다 생각하니 속이 상했다.

어디부터 접근해야 할까. 사건 구조가 무척 특이했다. 이 사건은 이미 결론이 나 있었다. 피고인은 재판을 이미 받은 거나 마찬가지였다. 피고인이 남편과 함께 벌인 일이기 때문에 두 사람의 쟁점은 거의 동일했다. 남편이 재판을 받는 과정에서 주장해볼 수 있는 모든 사유는 다 주장했고 다 기각됐다. 그 결과가 4년 형이었다. 피고인에게 일단 마음을 비우라 설득할 수밖에 없었다. 다시 4년 전으로 돌아가 사건을 수행한다면 모를까 이미 격파당한 주장을 다시 한들 뭐 하겠는가. 피고인은 펑펑 울기만 했다.

피고인에게 마음의 준비를 시켜놓고 사무실로 돌아왔지만 나까지 순순히 넘어갈 순 없었다. 법을 배우지 않았더라면 나도 비슷한 처지가 되지 않았으리란 확신이 없었다. 피해자가 입은 상처 정도로는 법률상 상해로 볼 수 없다는 주장을 해 강도상해죄의 적용이라도 피해볼까 했다. 하지만 이미 같은 주장이 제기됐었고 기각됐다. 피해자의 머리가 한 움큼 빠졌는데 이 정도면 상해로 인정된다. 정말 운이 없었다. 쟁점 하나하나가 간신히 스트라이크 존 안에 들어와 있는 상황이었다. 혹시 피해자가 그때 상황을 과장해서 얘기한 건 아닐까 생각도 해봤지만, 4년 전에 피해자를 법정에 불러 대질까지 마친 상황이었다. 다시 불러봤자 이미 오래 되어서 기억나지 않는다고 할 게 뻔했고, 무엇보다 법원에서 불러줄 가능성도 없었다. 도망쳤다 다시 나타나서 피해자를 오라 가라 하는 건 무리였다.

─────── 죄가 되지 아니한 것으로 '오인'한 행위

아직 하지 않은 주장 중 해볼 만한 게 뭐가 있을까 고민했다. 피고인처럼 법을 모를 가능성이 높은 이민자, 외국인은 특별히 봐주는 규정이 있을 법 하지 않을까? 하지만 그런 규정은 없었다. 이런 규정은 외국인에게 범죄 면허를 주는 일이나 마찬가지 아니겠는가. 피고인이 탈북자라는 이유만으로 뭔가를 기대할 가능성은 없었다.

"제16조(법률의 착오) 자기의 행위가 법령에 의하여 죄가 되지 아니하는 것으로 오인한 행위는 그 오인에 정당한 이유가 있는 때에 한하여 벌하지 아니한다"는 규정에 희망을 걸어볼까 생각해봤지만 확률은 낮아 보였다. "오인에 정당한 이유가 있는 때" 부분은 피고인이 탈북자여서 법을 잘 몰랐다로 밀고 간다고 치자. 하지만 그 다음부터가 문제였다. "자기의 행위가 법령에 의하여 죄가 되지 아니하는 것으로 오인한 행위"에 해당해야 하는데, 피고인은 빚을 받으려고 한 자신의 행위가 어떤 법령에 의하여 죄가 되지 아니하는 것으로 오인했을까. 피고인은 그냥 아무런 생각이 없었다. 행위에 나서기 전에 자기의 행위가 죄가 될지 숙고조차 해보지 않았으니 이 요건을 따지고 말고 할 것도 없었다. 한국 법에 대해 잘 몰랐다지만 너무 부주의하기도 했다.

강도상해죄에 대해 위헌법률심판 제청을 해볼까 생각도 했

다. 헌법재판소에서 강도상해죄에 대해 위헌 결정을 한다면 피고인은 무죄를 받을 수 있었다. 강도상해죄의 법정형은 너무 높다. 살인죄가 최소 5년인데 강도상해죄가 최소 7년이라는 건 뭔가 이상하다. 게다가 일단 강도가 성립되면 강도상해로 넘어가는 건 아주 쉽다. 병원에서 진단서를 쉽게 발급해주는 탓이다.

하지만 이 역시 포기했다. 이미 몇 차례에 걸쳐 강도상해죄에 대한 위헌법률심판이 있었으나 전부 합헌 결정이 나왔다. 합헌 결정의 가장 중요한 이유는 형벌 범위는 입법자의 재량이라는 것이었다. 입법자가 정한 형벌에 대해 헌법재판소가 너무 심하게 왈가왈부하면 헌법재판소가 사실상 입법을 하는 거나 마찬가지가 되기 때문이다. 이는 권력분립에 어긋난다.

재판부에 재판 연기를 두 번이나 요청했다. 이례적인 일이었다. 기한을 넉넉하게 줬는데도 제 날짜에 변호인 의견을 제출하지 못한 건 변호사가 게을렀다는 것밖에 안 된다. 하지만 사건을 그냥 흘려보낼 수는 없었다. 피고인의 아이가 눈에 선했기 때문이다. 재판을 더 연기할 수는 없어 고민 끝에 피고인의 행위는 강도상해의 미수라는 주장을 했다. 결국 피고인은 피해자에게 돈을 받아내지 못했다. 그러니 강도상해미수 아니겠는가. 이 역시 성공률이 희박한 주장이긴 했다. 강도가 돈을 빼앗는 걸 실패해도 그 과정에서 상대방에게 상해를 입힌 건 강도 범죄에 내재한 위험을 실현시킨 것이기 때문에 강도상해죄로 보아야 한다는 것이 확고한 대법원 판례다.

하지만 이런 대법원 판례에는 논리적 약점이 있다. 형법에서 피고인에게 불리한 유추해석은 엄격히 금지되어 있다. 그리고 피고인에게 유리한 규정을 아무런 근거 없이 축소해석 하는 것도 금지되어 있다. 강도상해죄보다는 강도상해 미수로 처벌받는 게 피고인에게는 유리하다. 강도상해죄에서 상해가 미수인 경우만 강도상해죄의 미수에 해당한다면 피고인에게 유리한 강도상해 규정을 아무런 근거 없이 좁게 해석하는 것이다.

그러나 내 주장에는 여전히 해결하지 못한 약점이 남아 있었다. 바로 이미 재판을 받고 형을 마친 남편이었다. 피고인이 강도상해미수라면 공범인 남편에게도 강도상해미수죄가 적용되어야만 한다. 같은 죄를 짓고도 죄명이 다르다는 것이 말이 되는가.

이 사건의 결론은 어떻게 되었을까. 피고인은 결국 집행유예로 풀려났다. 내 변호 덕은 아니었다. 재판이 내 손을 떠난 뒤 진행된 2심의 재판부는 피고인이 자수했다는 이유로 형량을 감경했다. 형법 제52조 제1항은 "죄를 범한 후 수사책임이 있는 관서에 자수한 때에는 그 형을 감경 또는 면제할 수 있다"라고 규정하고 있다. 자수를 했다 하더라도 형을 감경할 수도 있고 아닐 수도 있으니 남편과 피고인 중 한 명만 자수를 이유로 감경을 해도 아무런 문제가 없다. 재판부는 인천으로 가던 중 경찰의 전화를 받고 경찰서로 돌아간 것을 자수로 보았던 것이다. 법정형이 반으로 줄어드니 최소 7년이 아니라 최소 3년 6개월이 된다. 여기서 재판장의 재량으로 다시 반을 줄여 최소형은 집행유예가 가능한 1년 9개월이 되었다. 실로 묘수였다.

—— '우리'는 법을 제대로 알고 있는가

법의 기능 중 하나가 '사회 통합 기능'이라 학교에서 배웠다. 그땐 속으로 '무슨 지역 특산물도 아니고 좋은 기능은 다 있다고 자랑하네' 라고 혀를 끌끌 차고 말았지만 국선변호를 하면서 그때 배운 게 맞았다는 생각을 많이 한다. 법은 규칙이다. 사회생활에 적용되는 이 규칙이 모두가 납득할 만큼 잘 정립되어 있다면 법질서와 사회에 대한 충성심이 자연스럽게 생기지 않겠는가.

하지만 가끔 이 사회 통합 기능이 제대로 작동하나 의문이 들 때가 있다. 규칙이 아무리 공평하게 정립되어 있다 하더라도 그 내용이 사회 구석까지 전달되지 않았다면 과연 이를 공평하다 할 수 있을까. 교육 혜택에서 멀거나 경제적으로 어려울수록 법의 사회 통합 기능에서 벗어나 있다는 생각이 든다.

한국은 지금 이민 사회를 표방하고 있다. 또한 통일을 공언한 상태다. 이민자 범죄 뉴스가 나올 때마다 외국인에 대한 반발은 높아진다. 하지만 이민자들은 대체로 먹고살기 힘들다. TV 뉴스 내용조차 제대로 해독하기 힘든 사람들에게 알아서 법을 찾아 지키라고 하면 그게 쉽겠는가. 굳이 외국인이나 탈북자에 한정된 문제만도 아니다. 범죄자로 낙인찍히는 사람의 처지도 안타깝지만 이대로 가다간 '우리'라고 불리는 사람들 역시 불안한 처지에 놓이게 될지 모른다.

글을 마치며

1.

내가 일하는 서울남부지방법원 관할에는 중국 동포들이 많이 거주하는 가리봉동이 포함되어 있다. 중국 동포 사건이 종종 들어오는 터라 사건 현장 확인을 위해 가리봉동 골목 안쪽까지 가볼 때가 있다. 그곳에서 이제는 찾아보기 힘든 동전 오락실, 골목에 나와 앉아 두런두런 얘기를 나누는 동네 사람들, 시장통을 지나며 서로 인사를 건네는 사람들을 만나곤 한다. 우리가 2010년대로 떠나간 뒤, 우리가 버린 80년대에 그들이 들어와 살아가고 있었다.

2.

아주머니의 남편은 폭행치사 혐의를 받고 있었다. 남편이 구속되자 결백을 입증하기 위해 동분서주하던 아주머니는 결정적 증언을 녹취했다고 연락을 해왔다. 이메일로 파일을 보내달라 했더니 아주머니는 굳이 사무실로 찾아오겠다고 했다. 직접 만나서 줘야 한다며. 사무실에 나타난 아주머니의 손에는 카세트 테이프 하나가 들려 있었다. 테이프를 전해 주려고 만나자 한 것이었다.

아주머니를 돌려보내고 나중에 테이프를 들으려는데 그 어디에서도 테이프 플레이어를 찾을 수가 없었다. 집 안을 뒤지고 친구들과 주변 사람들에게도 물어봤지만 테이프 플레이어는 모두 사라지고 없었다. 분명 흔했던 물건이 사라졌는데, 그 사실조차 까맣게 모르고 있었던 것이다. 다시 아주머니에게 전화를 걸어 혹시 테이프 플레이어가 있다면 가져다달라 하는 수밖에 없었다.

3.

형사소송은 당대 사회가 가장 치열한 마찰음을 내는 곳이다. 국가 권력의 궁극과 사회 부적응자 혹은 적으로 낙인찍힌 자들이 맞부딪히는 장소가 바로 형사법정이다. 그 마찰음을 내는 단면은 시대가 변할 때마다 달라질 것이다. 지금 당연하다 생각하는 것들이 먼 훗날 치열한 논쟁의 대상이 될 수도 있고 그 반대의 일도 얼마든지 가능하다. 시대가 변화하며 사람들의 상식이나 개념은 조금씩 바뀌어가고 법도 수정·보완된다. 지금 당연한 것들이 나중에는 사라질 수도 있고, 숨어 있던 쟁점들이 갑자기 부각되기도 할 것이다. 하지만 이런 변화는 대체로 눈에 잘 띄지 않는다. 테이프 플레이어가 부지불식 간에 사라졌듯이, 나중에 가서는 2016년에 당연하게 여겼던 것 혹은 고민했던 것들을 잊어버리게 될 것이다.

4.

처음 출판사로부터 집필 제안을 받았을 때 잠시 고민했지만 당대의 법적 현실과 변호사로서의 고민을 기록으로 남기는 것에 의미를 두고 흔쾌히 응했다.

다만 마음에 걸리는 건 전국에서 고생하고 있는 동료 국선전담변호사들이었다. 혹시 내 이야기가 국선전담변호사 전부를 대표하는 것으로 받아들여지면 어쩌나 하는 걱정이 앞선다. 책 속에 그려지는 것은 그저 나 한 사람의 일일뿐이다. 내가 하는 일에 부족한 점이 있다면 그건 모두 내 무능과 불성실 때문이니 책을 읽는 독자들께서 오해하지 않았으면 한다.

피고인들에 대한 미안함도 빼놓을 수 없다. 이 책의 이야기가 어디 내 이야기인가. 형사소송의 지난한 과정을 겪어낸 피고인들이 이 이야기의 주인일 것이다. 나는 그저 관찰자일 뿐이다. 음악은 인터넷 스트리밍으로 듣고, 녹음은 스마트폰으로 하는 것을 당연히 여기는 내가 카세트 테이프의 시대를 사는 아주머니를 이해할 수 없었듯이, 각자의 사정을 갖고 사는 피고인들의 이야기를 제대로 살펴 글을 쓴 건지 걱정스럽기만 하다.

5.

이 책이 나오기까지 고생한 한겨레출판 김남희 편집자에게 고맙다. 책을 읽을 때마다 후기에서 '담당 편집자가 정말 고생을 했다'는 글이 나오면 의례적인 인사치레라고만 생각했던 과거를 반성하고 있다.

책의 방향 설정부터 한 챕터가 완성되는 과정에서 내용에 대한 토론과 문장 수정까지, 지난 3년 동안 편집자가 내게 보낸 이메일이 150통이 넘는다. 평생 한 사람에게 이 정도의 편지를 받아볼 일이 또 있을까? 그저 고마울 따름이다.

6.

변호에 필요한 실무를 샐 틈 없이 챙겨준 서울남부지방법원 국선전담변호사 사무실의 스탭 자윤 씨, 현숙 씨, 유선 씨와 가족, 친구들에 대한 고마움도 빼놓을 수 없다. 이 분들 덕택에 그나마 사람 노릇은 하며 살고 있다. 특히나 탈 없이 무럭무럭 자라준 아들 채우와 정신없는 남편 덕에 고생한 아내 은경에게 고맙다는 말을 전하고 싶다.

7.

하늘로 돌아가신 나의 어머니 안효숙 님께 이 책을 바친다.

2016년 12월 신민영

왜 나는 그들을 변호하는가

© 신민영 2016

초판 1쇄 발행 2016년 12월 15일
초판 4쇄 발행 2022년 8월 8일

지은이 신민영
펴낸이 이상훈
편집인 김수영
본부장 정진항
편집2팀 허유진 원아연
마케팅 김한성 조재성 박신영 김효진 김애린 임은비
사업지원 정혜진 엄세영

펴낸곳 (주)한겨레엔 www.hanibook.co.kr
등록 2006년 1월 4일 제313-2006-00003호
주소 서울시 마포구 창전로 70 (신수동) 5층
전화 02-6383-1602~3 **팩스** 02-6383-1610
대표메일 book@hanien.co.kr

ISBN 979-11-6040-027-4 (03360)